高校创新创业教育
与人才培养研究

刘　延　王晓娴　付立然◎著

中国财富出版社有限公司

图书在版编目（CIP）数据

高校创新创业教育与人才培养研究/刘延，王晓娴，付立然著. --北京：中国财富出版社有限公司，2022.9

ISBN 978-7-5047-7768-3

Ⅰ.①高…　Ⅱ.①刘…　②王…　③付…　Ⅲ.①高等学校－创造教育－研究－中国②高等学校－人才培养－研究－中国　Ⅳ.①G640②G649.2

中国版本图书馆CIP数据核字(2022)第172781号

策划编辑	郑晓雯	责任编辑	敬　东　张思怡	版权编辑	李　洋
责任印制	尚立业	责任校对	卓闪闪	责任发行	董　倩

出版发行　中国财富出版社有限公司

社　　址	北京市丰台区南四环西路188号5区20楼	邮政编码	100070
电　　话	010-52227588转2098（发行部）	010-52227588转321（总编室）	
	010-52227566（24小时读者服务）	010-52227588转305（质检部）	
网　　址	http://www.cfpress.com.cn	排　　版	金熙腾达
经　　销	新华书店	印　　刷	北京九州迅驰传媒文化有限公司
书　　号	ISBN 978-7-5047-7768-3/G·0816		
开　　本	787mm×1092mm　1/16	版　　次	2024年6月第1版
印　　张	9.25	印　　次	2024年6月第1次印刷
字　　数	196千字	定　　价	52.00元

前　言

　　高校创新创业教育是国家"大众创业，万众创新"战略的重要组成部分，这就要求高校必须坚持创新引领创业，把创新创业教育融入人才培养模式中。创新创业是时代发展的主题，是满足人民对美好生活向往、增强国家竞争力的重要步骤，而高校是培养青年人才的主要阵地，是新思维、新想法的发源地。因此，推动高校创新创业教育可持续发展，对于培养青年人才和促进经济良性发展具有重要的意义。

　　鉴于此，笔者撰写了《高校创新创业教育与人才培养研究》一书，在内容编排上共设置六章：第一章为绪论，主要阐释现代高校的创新精神与教育意蕴、高校创新创业教育及其主要任务、高校人才培养及其创新模式、高校创新创业教育人才培养的发展趋势；第二章是高校创新创业教育团队与资源，内容涵盖高校创新创业教育团队建设、高校创新创业教育资源整合与利用、"校友＋"下创新创业教育链构建、终身教育下创新创业学习资源库建设；第三、第四章分析高校创新创业教育的机制运行、高校创新创业教育的创新与发展；第五章论述高校创新创业人才培养的业务规格、高校创新创业人才培养的具体模式、高校创新创业人才培养的激励机制、高校创新创业人才培养的侧重点与实施；第六章突出实践性，围绕校企协同背景下的创新创业人才培养、产教融合背景下的创新创业人才培养、"互联网＋"下的创新创业人才培养、一体化视域下的创新创业人才培养进行研究。

　　全书力求做到理论与实践相结合，让读者在学习基本方法和理论的同时，注重培养创新创业人才的基本素质，厘清创新创业人才培养的模式，以激发广大师生开展创新创业教育活动的热情，推动创新创业教育教学质量的提升。

　　笔者在撰写过程中得到了许多专家学者的帮助与指导，并借鉴了相关的文献资料，包括部分专家学者的研究成果和理论观点，在此表示诚挚的谢意。由于笔者水平有限，书中难免有疏漏之处，敬请广大读者批评指正！

目　录

第一章　绪论

第一节　现代高校的创新精神与教育意蕴

一、现代高校的创新精神分析

创新精神作为创新的内驱力，在创新要素中居于关键的位置，体现了创新的价值。"作为一种时代精神，创新精神具有普遍的意义和教育目标价值"[①]。精神的后天性为学校教育培养学生的创新精神提供了可能。

创新精神是一种非智力因素的心理品质，包括动机因素、情意因素和个性特征。作为人的生存精神，是求真、求善、求美相统一的精神。求真体现为不惧权威的冒险精神和批判精神；求善体现为负责精神和献身精神；而求美既体现为在求真、求善过程中所体现的成就之美、成功之美，也体现为创新者的自信精神、执着精神所展现的主体力量之美、人性之美。在这六种精神中，冒险精神和批判精神可谓创新精神的风格特征，负责精神和献身精神可谓创新精神的价值特征，自信精神和执着精神则是必要的基础和保证。

（一）冒险精神

冒险精神是一种挑战精神，富有勇气。冒险实际上就是要承担一定的风险。创新是对未知的、不确定的，甚至是尚未存在的事物进行探索和求证，无论从创新者的主观愿望来看，还是从创新成果将要面临外界评价来看，都是一种冒险。在一定的社会关系、社会文化中，创新作为一种自我超越，将打破既有的平衡，这种平衡既包括社会秩序、价值观、社会常识等方面的，也包括人际关系方面的，这些既有的物质、精神、文化等既是创新的土壤，也有可能成为创新的阻碍。

（二）批判精神

批判精神是创新精神的风格特征之一。无论是对传统、定论，还是对自己、权威，创新意味着打破、颠覆和解构，相对于原来的"有"——这个"有"可能是实物或可验证的理论，也可能是传统的思维组合基础上的推导方式——创新只能在批判和质疑的前提下产

① 邓如涛. 新常态下高校创新创业教育研究 [M]. 成都：电子科技大学出版社，2017.

生。批判是创新的先锋，批判意味着对确定性的怀疑和对多种可能性的找寻，在"有"的对立面、侧面或背面才有可能找到创新的契机。

（三）负责精神

知识经济背景下创新所具有的生态创新、知识创新所具有的经济和伦理价值等使创新与创造拉开了距离，创新本身就内含责任意识，创新精神是对社会、对他人负责任的精神。在创新的过程中，创新者的自主性、创造性与能动性必然要受到包括道德规范在内的善的力量的制约，协调个体行为与社会行为之间的矛盾和冲突，使自己的创新造福于人类。负责精神体现了创新精神的品性，融合于创新者的生存精神中，才能带来创新者自身精神境界的提升。

（四）献身精神

献身精神表现为创新者信奉人生的价值在于奉献，而不是索取。创新精神可以作为一种引导人生的精神，引导人们正确对待个人回报和利他行为的关系。本书认为献身精神更能也更应成为创新者的内驱力。如果创新者仅仅出于功利需要，那只是非连续的发明创造，只是生活的一个片段。尽管这里也有成就动机，但这是外在的。个人回报确实也能激发创新，但对照创新作为人最有价值的生命活动及其所带来的生存方式的转变，追求个人回报还不是人生的信念和精神，只有献身精神才有普遍的人生价值。

（五）自信精神

自信是主体性人格的标志之一，是驱动创新者进取的原动力，表现为创新者充分肯定自己，敢于推销自己、证实自己。一个人要想有所创新，信任自己是必要的前提。从心理学对创造性的研究成果来看，自信精神是创新者普遍的特质。

（六）执着精神

执着精神是一种坚持的精神和毅力，同时体现为一种献身精神。有创意的人在表达他们的创造力时一般都会碰到挫折，长期成功的人与亮光一闪的人的区别，主要是在他们碰到挫折时坚持的情形。创新既可能遇到拒绝、排斥、不理解，甚至是压制等外在的障碍，也可能遇到内在的障碍。此外，内在障碍比外在障碍更能考验一个人的坚持性。

二、现代高校创新精神的教育意蕴

创新精神是知识经济时代使人成为创新之人的精神，是人不断解放自己、追求自我实现的精神。这一精神及其培养的提出，预示着人们对自身认识的提高，人处于更高阶段的觉醒水平。同时也为人成长、使人成为人才做出了新的预设。这些表述，对教育者而言，是时代的教育话语，是知识经济时代教育追求的境界。

创新精神是教育的时代精神的集中体现。创新精神与教育存在着天然的联系，这并不完全是因为教育附着于社会，而是因为教育本身就有精神教育的传统，更因时代的要求，创新精神成为当下高校教育的精神。

（一）教育自身是一种精神教育

第一，教育本身有精神教育的传统。学校教育起初是为了传递知识和精神，而不是为了培训技能，尽管所传递的精神并不一定都是进步的精神。人类社会初期，简单的生产劳动技能不需要在学校学习，学校主要向学生讲授先人的著作或讲课者个人的思想，培养理想的社会人才。

第二，对教育作为精神教育的呼唤。学校是每个儿童在其精神发展过程中所必须经历的一个场景。因此，它必须能够满足健康的精神成长的要求。教育本质上是一种精神教育。精神教育既是教育的必要，也是教育的可能。

（二）创新精神是教育的时代精神

创新精神成为教育的时代精神，从根本上来看，源自教育自身发展的内在需要。在现代社会，教育如果只是传递知识，知识更新的速度会使学校教育的传统职能难以实现。当今时代，培养具有创新精神的人才是学校教育的重要职能之一。社会的发展从来没有像知识经济时代这样从经济发展和人的发展共同出发提出创新的要求，并努力使二者达到平衡与和谐。

（三）培养创新精神需要创新的教育

培养创新精神的教育应是创新的教育。创新的教育是培养创新精神的前提。创新精神对于教育而言，是一个理念问题，涉及若干教育理念的革新。就创新创业教育来看，不仅仅是教育方法的改革或是教育内容的增减，而是教育功能的重新定位，是带有全局性、结构性的教育革新和教育发展的价值追求。创新精神有理由成为教育精神的集中体现，教育应当是灿烂的生命创造活动。

尽管人有维持性存在和创新性存在，尽管学校传递的精神多种多样，如爱国主义精神、科学精神等，但创新精神是作为当代教育精神的代表而存在的。学校作为正在成长中的人集中居住的地方，理应将培养创新精神作为核心，学校应当成为解放和自由的场所。

第二节　高校创新创业教育及其主要任务

一、高校创新创业教育的含义辨析

（一）创新教育的含义

创新教育是一种增强创新能力、丰富创新精神的新型教育形式。它反映的是如今社会发展的新需求。此新型教育形式重点培养两方面的能力：一是对整体经济环境的了解和分析能力；二是其他方面的相关能力。例如，基本的学习知识的能力及对其加以应用的能力，商机预测能力，风险管控能力以及合作能力。在实践过程中，创新教育需要多方面考虑，而不是只沿用教育发展过程中既定的内容。另外，还需要懂得创新教育发展至今的相关规定，以及创新教育的变革和将来的发展路径。

一般而言，创新教育其实是让人学会创新，并能运用所创新的东西。以人为本的创新才能更好地使人拓展思维、提升能力，才能真正地提高教育水平，这样才可以被称为真正意义上的创新教育。高校是我国培育人才（尤其是创新型人才）的基地。创新教育在让学生拥有更多探寻精神的同时，对提高其实践能力有很大的帮助。学校的创新教育不单是了解古圣先贤的思想，还包含着更多方面，例如，让学生能自主学习、喜欢思考、不断改变自己的思维模式等。

真正的创新能力其实是一种综合技能，它需要人们在创新过程中学会观察，同时懂得分析和应用，它所注重的是个人综合能力的提高。另外，创新也不是一个人有认知和实践便可以，需要和社会经济环境相辅相成与相互促进。

创新教育是随着时代的变化发展而来的，它是新时期的要求，高等教育在此情况下应当与时俱进，顺应历史潮流的发展，对原有教育模式进行变革。其中培养创新能力与创新精神是各大学校提倡的创新教育的中心。创新教育是给学生创造出一个可以提高学生兴趣、激发学生潜能与创造力的环境。高校可以通过建设更加健全的教育体系并打造实践基地去发掘学生的各项潜力，让学生养成自主学习的习惯，同时做到学以致用。要营造这个环境，需要当代各大高校对教育体系进行改革，对教育教学内容进行革新。创新教育是对教育价值体系的再探索，也是高等教育创新的方向。

（二）创业教育的含义

创业教育是一种新型的教育思想，经过多年发展已经有了长足的进步。但还是有很多人认为创业教育指的是创业方面的指导，对于受指导的人而言它是创业方面的理论基础，也是为了提升整体实践与应用能力。这些认知是基于其字面意思来理解的。对于创业教育的定义，目前尚未有权威表述。

创业教育被认为是学业教育及职业规划教育后的第三种，即人类的"第三本护照"，是随着经济及教育科学的发展之后学生可以获得的更优质教育。创业教育需要不断提升学生的创业能力，培养创业精神，只有如此，学生的基本素质才会有质的改变。创业能力、创业精神是在新时代经济环境下的重要素质之一。

创业教育有广义与狭义之分。就广义而言，创业教育强调在当前环境之下造就更多的创业人员，这些创业人员具有丰富的实践，他们相对于普通创业者来说有很多的优势，例如，创新与创造能力更佳、拥有自主创新精神和很强的探险意识。就狭义而言，创业教育所致力的是学生的基础素质，例如，创新思想与创新思维能力等，以这些基础素质为主，方便学生在离开校园步入社会以后可以有更好的创业基础，能够做出成绩。创业教育是让学生从工作转换成为创造更多工作岗位的教育，这是一种整体而综合的教育。因此，从大方面来观察会发现创业教育有非常多的优势：一方面可以直接提高大学生的整体创业素质、创新能力和组织能力；另一方面也是解决如今大学生就业难的一个途径，很大程度上能缓解社会就业方面的压力。

高校创业教育的应有之义包括以下几个方面。

（1）加强大学生创业教育。在青年时期学习创业、实践创业，不仅对自身的发展大有裨益，而且对国家的中长期发展有重要的影响。当前在高校开展创业教育正是满足广大青年学生创业者的知识需求、培养和塑造未来民族企业家的有效方式之一，同时对于优化高校人才培养、缓解当前的就业压力都有着重要的意义。开展大学生创业教育应从以下方面努力。

第一，明确大学生创业教育的意义。①让创业来带动大学生的就业，让就业的质量得到有效提升。创业为社会提供了更多的岗位，有利于缓解社会的就业矛盾。②通过创业促进创新，培养素质更高的学生。高校最重要、最基本的任务是为社会培养具有创新能力的人才。目前，单位聘用毕业生会着重考虑毕业生的综合素质，因此，高校一定要大力推进创业教育，让学生具备自己创业的意识，不可以把知识学死，要学会动用自己的大脑思考、创新。将以往完全依赖书本转变成对书本的参考借鉴，变被动学习为主动学习；让学生主动地多想办法，化知识为应用。创业教育能够让学生在实践的过程中反思理论知识，去探索理论知识，实践中的反复练习有助于培养学生的创新能力，能够提高学生的个人综合素质。③利用创业教育培养学生的动手能力，让学生具备相关的实践经验。一般情况下，人们会认为大学生具备丰富的理论知识，实践经验相对匮乏。学生要创业，必然要从理论向实践转化，积累社会实践经验。④通过创业教育促进高校产、学、研的有效结合。学校一般具有丰富的资源，优秀的教师、良好的实验设备、丰富的办公用品和开展创业活动所用的场地等其他资源。很多学生在学习和参与课程设计、实践、挑战杯、学校的其他大赛活动中，有很好的想法，他们有技术作为支撑，有经验丰富的老师来指导，他们能在大赛中获得各种奖励，但仅仅是为了参赛而已，浪费了大量的时间、精力和物力。如果能把这些资源有效整合，充分利用、考察和评估其中有重要应用价值的项目，把它们付诸实践，有可能孵化出一些知名企业，这样就能把理论项目转化为应用项目，从研究转化为实践，把学和研向产转化，从而促进三者的有机结合。⑤能够整合社会资源，形成社会合力，共同帮助大学生创业。整合社会资源能够让大学生创业获得更多资源支持，大学生的创业需求也能够得到更好的满足。可以利用闲置的写字楼、设备为大学生提供创业园区或创业实习基地，无论是对资源的利用，还是对大学生创业来讲，都是有利的。

第二，提升大学生的创业技能。大学生属于劳动力群体中的优等劳动力，他们的创业能力关乎国家未来的经济发展以及社会的建设，更关系到民族未来的发展，甚至关乎国家战略能否实现。民族想要进步，国家想要发展都需要创业，创业有利于社会发展。

创业教育要求学生掌握创业知识、创业技能。在学生掌握了一定的知识、技能之后，学校应该培养学生形成转化知识、转化技能的能力，将知识和技能转变成社会财富。高校的发展应该以培养学生的创新创业能力为目标，以促进学术发展为基本方向，加大创业教育的开展力度，让具备创新能力的学生积极参与创业，为国家各个领域的事业发展培养新的主力军，让其成为国家未来发展的后备保障力量。

第三，合理构建高校创业教育模式（见表1-1）。

表1-1　合理构建高校创业教育模式

措施	具体内容
组建创业教育领导机构	各级政府主管部门应成立创业教育工作领导部门，高校内部也应成立创业教育工作领导小组。同时，学校还应成立相应的职能部门和创业教育的研究室等机构，为开展创业教育积极创造条件。创业教育工作领导部门应从政策制定，创业教育计划方案的出台、落实和监督，以及保证机构、人员、经费和场地的到位方面下功夫；同时应提出工作目标，做好创业教育工作与就业工作及其他各项工作的衔接
组建创业教育师资队伍	为学生提供创业教育的师资队伍和传统的师资队伍不同，创业教育师资队伍的教师要掌握多方面的知识，如法律学、经济学、税务学、管理学等方面的知识，除此之外，还必须了解创建新企业的流程，懂得企业的风险管理。除了理论知识，教师还要有相关的实践经验，只有同时具备理论知识和实践经验，才能给予学生更好的创业指导。需要注意的是创业教育师资队伍的组建，除了高校力量，还应该吸纳社会力量，例如，邀请企业的高层管理人员走进校园，为学生传授创业的相关经验，还可以让教师到企业实习，了解企业管理、企业运作方面的知识。如果教师具备相应的创业能力，也可以为教师的创业实践提供支持。只有将理论教学和实践教学结合起来，才能够让学生更全面地了解创业过程

措施	具体内容
整合教学培养方案与创业教育资源	高校应该在学生培养方案以及教学方案中加入创业教育的相关内容，让创业和学生学习、教师教学深度融合。总体而言，创业教育应该涉及四方面内容：①创业意识；②创业精神；③创业知识；④创业能力。 创业教育和传统课程的结合应该循序渐进：第一阶段，旨在培养大学生的创业意识和创业精神，这个课程的开设可以和学生的其他专业课结合，在专业课的教学过程中加入创业意识及精神方面的教育内容。 第二阶段，应该先通过课程教学让学生具有创业需要的创业知识，此课程可以和学校的活动竞赛、实验课程充分结合。 第三阶段，旨在提高大学生的实际创业能力，实战课程应结合校内外的创业实践基地、创业园和孵化基地来进行，鼓励学生参加各类创业项目选拔大赛，鼓励学生从小处做起，积极进行创业实践，并配备一定的创业导师进行一对一创业指导。 同时，在教学中应鼓励学生的个性化发展，鼓励学生培育创新性思维，鼓励学生积极动手实践。在学分的设置上，应向实践类倾斜。目前创业教育还没有被纳入正规的教学培养体系中，游离于传统的教学框架之外，主要原因在于创业教育的体系还不完备，创业教育的内容体系还没有统一，全国范围内并没有形成统一的大纲，没有较为全面的公认教材，创业的实验条件和实践基地并没有形成规模，因此应充分整合创业的资源，进行理论体系的梳理，出台创业教育大纲，组织理论和实务专家结合中国创业教育的特色共同编写适用范围较广的教材，为创业的系统化和正规化开展积极创造条件，早日把创业教育纳入教学培养方案体系之中
搭建创业教育教学与实践平台	有了创业想法不一定就能够创业成功，创业的学生中有一部分是失败的，失败的原因并不是创业意志力不强，也不是创业技能不足，最大的原因是在进行成果转化及产品开发方面遇到了问题，因此，高校应该注重生产、学习和研究的一体化发展，应为学生掌握社会技能创造更多有利条件，让学生尽早地接触创业，为学生创业搭建平台。例如，学校应在校内建立大学生创业园和创业项目孵化基地等，在校外应和企业合作建立大学生创业见习基地。同时，为有可能成功的创业计划提供良好的创业环境和条件，如给予资金资助、提供场地等。总而言之，要为想创业的学生提供实验和实践的平台，让其在实践中锻炼创业的能力
建立创业教育跟踪反馈机制	创业教育的效果往往不能马上显现出来，需要一个过程，学生接受创业教育后并非马上就去创业，可能只是开始积极地为创业做准备，在创业时机成熟的时候才开始创业。而且一个创业项目从产生到成熟往往也需要一段过程，少则一两年，多则四五年，并且由于学生在创业中缺乏相应的管理经验等，这方面学校也应给予后续的指导和帮助。因此，建议政府教育主管部门和高校建立创新创业教育质量监控系统，建立对创业学生的跟踪系统和反馈机制，收集反馈信息，建立数据库，及时总结他们创业中的经验和问题，再反馈到创业教育的体系中来，不断丰富创业教育的内容，提供真实的创业案例，为创业教育的长期发展提供支持和保障

（2）加强大学生创业素质培养。大学生的创业素质是指创业者创业所必需的创业欲望、创业能力、品性和习惯等各方面的综合性素质，包括创业观（由创业认知、动机、愿望和精神等构成）和创业能力（由创业知识、创业技能和创业品质构成）。

第一，将创业理念纳入教育理念中。创业教育是教育的新使命，是教育顺应时代发展的必然要求，是教育改革的方向。这就需要高校转变观念，将创业教育放在同创新教育、素质教育同等重要的战略地位。创业教育培养具有开创性的个人，因为用人机构或个人越来越重视受雇者的开创、冒险精神，创业和独立工作能力及技术水平、社交能力、管理技能。因此，创业教育不是一种职业技术教育，也不是只有想创业的大学生才应接受这种教育，而是对所有的大学生而言，这种创业素质培养都是非常重要的。

第二，重塑高校人才培养模式。重塑高校人才培养模式，就是要坚持以学生为本，以培养和提高大学生的综合素质、创新能力为核心，改变专业与兴趣分离、知识与能力分离、教育与学生个性分离的状况，允许学生根据自己的兴趣选择专业和课程，课程学分制与弹性学分制并行，典型引导与实践培训相结合，注重培养学生运用知识创造性地解决问题的能力，实现知识、能力、素质和个性四位一体，将人文素质与科学素养融会贯通。特别要引导学生自主学习，如学生对公共活动的设计与组织、对报刊的构思与设计、对解决问题的方法或路径的设计、新观点的提出以及小实验、小制作和竞赛活动的实施方案等，这些既是创造能力的培养，也是创业实践活动的重要内容。

第三，优化提高大学生创业素质的环境。高校要有效营造校园创业文化氛围，就必须有创新创业文化的载体，允许并鼓励学生自发成立各种社团，社团的学生因具有共同的兴趣、观念和目标才走到了一起，学校应对学生社团工作给予积极帮助和支持，根据学生的要求配备相应的指导教师。鼓励社团打破院系壁垒，实现不同学科学生之间的知识、思想的碰撞与交流。

大学生参加社团，对于培养他们的合作精神、分享意识和创造精神起着重要的作用。多样化的学生社团，各种社团从事的有创意的活动，既能塑造合伙创业所需要的素质，又能繁荣校园文化，使每个学生获得锻炼机会。在这种文化氛围下，大学生更容易不断创造出精彩的创意项目。

（三）创新与创业教育的关系辨析

创新教育属于一种新的教育模式，主要作用是培养大学生的创新能力、创新意识以及精神，让学生各方面协同发展是其主要目的。创业教育具体而言是一种教育活动，主要是让大学生有自主创业的意识，提升学生的创业能力。虽然创新教育在一定程度上和创业教育存在重合的内容，但是它们之间是不等同的，也不可以相互代替。

第一，创新教育与创业教育内容相通且目标一致。创业教育和创新教育二者相辅相成，相互交融。创业是创新的基本。就广泛意义而言，创业过程中的实践成果是说明创新或者创业是否成功的标杆，反之，创新最后所呈现出来的形态便是创业。创业能否成功，关键是是否有好的实施措施。创新教育是一种新式教育，它所提倡的是增强学生的探索创新能力，这也是其终极目标，各方面共同发展是其主要目的。但是创业教育有所不同，它所强调的是大学生要有创业思维与意识，从而提高创业能力，提倡基础知识的普及。创新教育如今不只是对以前教育方式的改变，而是对教育的功能重新进行定位，它是全方位以及根源性的教育变革。高等教育在当代新经济形式的发展情况下有新的要求，各大高校需要培育更有探索精神及创业思维的人才，提高他们的创业素质。因为在新时代经济迅猛发展的背景下，只有具备这些高素质的人员方可跟上当代社会经济的发展。

第二，创业教育是创新教育的深入与强化。创业其实也是一种新形式的创新，创新必然会在创业之中有所体现，创新是创业的根基。社会经济主体在进行创业时需要有稳固的基础，这个基础是在创业的时候勇于冒险、勇于突破，具有创新思维与冒险精神，更为重要的一点是有绝佳的管理能力。因此想要成为创业者，必须具有各方面的能力，具备了这些能力才能做好管理方面的工作以及扮演好创业者的角色。这也是创新教育必须不断深入，从而逐渐演化成为具体的创业教育的原因。因此创业教育在各大高校中需要深入普及。

综上所述，对于创业教育而言，它与创新教育是相辅相成、相互克制的，同时也是相互融合又相互统一的。各大高校对学生实施创业教育，一定意义上可以让学生更好地完成创新教育。

二、高校创新创业教育的本质分析

（一）创新创业教育是教育体系的一部分

创新创业教育模式是一种新型教育模式，但并不是对传统教育模式全盘否定的模式，而是在传统教育模式基础上延伸、发展而来的教育模式，创新创业教育对传统教育进行了改造，更强调"综合式教育"，既强调基础教育与职业教育、继续教育有机融合，又关注知识理论、实践技能的共同培养。简言之，创新创业教育是为适应时代需求，在传统教育模式基础上衍生而来的新式综合教育模式，是对传统教育模式的继承与发展。

目前，创新创业教育在一些发达国家逐渐呈现出独立发展的趋势，但其本身并不是一个独立的教育体系，它的独立是基于基础教育、职业教育和继续教育三大教育体系之上的相对独立，创新创业教育始终融合、贯穿于三大教育体系之中。

（二）创新创业教育是新型素质教育

高速发展的信息时代让高等教育走向大众化、普及化，创新创业教育就是当今时代高等教育发展的必然走向。世界各国都空前重视创新创业教育对国家经济发展的作用，我国也不例外，目前创新创业教育已成为我国教育改革的突破口，受到学术界的广泛关注。

人类社会的教育历经守业教育、素质教育和创新创业教育三次变革。

守业教育是传统教育模式，就是注重传统和维持现存秩序的保守教育模式。应试教育是守业教育最集中的呈现形态。综上可以发现，守业教育明显具有重理论轻实践、忽视人的主体性与创造性等缺陷，导致学生常常与社会实际脱轨，出现应试能力强而运用能力弱的状况。

素质教育是在传统保守的守业教育基础上发展而来的，是对传统模式反思的成果。素质教育相较于守业教育呈现出明显的综合化、全面化倾向，其教育目标是提升受教育者的综合能力，实现人的全面发展。

创新创业教育则是知识型时代、数字化时代下发展出来的新型教育模式，标志着高等教育进入了全新阶段。创新创业教育的出现推动了素质教育的变革，让素质教育升华为与时俱进的实践教育。创新精神、创业能力等是人才的重要素养，为了顺应时代需求，创新创业教育开展以上述素养为培养目标的教育实践活动，开展具有创新性、实践性等特征的教学活动。简言之，创新创业教育是素质教育在需求驱动下的更高层次的深化、延伸。

三、高校创新创业教育的理论基础

（一）人的全面发展理论

人的全面发展依托于智力劳动与体力劳动的结合。人的全面发展的理论主要涵盖的内容为：第一，人自身全面发展的基础是个体的体力、智力得到充分发展。换言之，人的体力、智力得到充分发展是人全面发展的必要前提。第二，一个人只有充分地利用自身全部的能力和资源，才能成为自由发展的人，达到个体个性、人类特性及社会性的协调。当今社会，培养创新型人才仍受人的全面发展理论和思想的重要影响。在教育领域改革中，仍十分重视人的全面发展。

人的全面发展可以分为两个层次的内容：一是指一个人的德、智、体、美、劳五方面做到均衡发展，从而能够达到脑力劳动和体力劳动完美结合，即实现全面发展；二是指最大限度地发展每个个体各方面的能力和才华。当代社会需要更多的创新性复合型人才，需要全面发展的多面人才。传统教育模式下的教学方法不考虑学生的自我判断力和自我思考能力，忽视学生的思想情感，只是机械地、单方面地向学生输送知识。这种教育模式压缩了学生自我发展的空间，不利于学生自我发展能力的提升，无法充分挖掘学生的潜力，更限制其创新能力的提高，不利于学生全面发展，更不利于学生适应社会的发展要求。

与认为每个个体都不一样、总会存在差异的个性化教育理论相比，全面发展教育理论更注重学生整体素质的发展，在学生掌握扎实的基础理论的前提下，开展各种各样的活动，让学生在活动中实践自己的知识，做到学以致用，努力把自己打造成多功能人才和复合型人才，更快更好地适应现代社会的发展。这种良好的学习、发展环境的构建能够使学生最大限度地全面发展、充分发展。全面发展的教育模式符合学生身心发展的自然规律，利于培养出会生存、善学习、勇创新的复合型人才，以及知识经济时代需要的全能型人才。

实际上个性化教育和全面发展教育这两种教育理论是相互联系、互为补充的。这两种理论是共性与个性的关系，互相渗透或结合。个体想要实现个性发展和全面发展，需要高校将个性化教育和全面发展教育这两种教育理论相互结合。创新创业教育既强调个体的全面可持续发展，也强调实现个体的个性化发展。这要求高校的创新创业教育，不仅尊重每个学生的个性，更要促进其实现自身的全面发展，不断提高学生的创新创业能力，使之适应现在知识经济时代、信息时代的要求。总而言之，人的全面发展理论指导着学校教育改革实践，奠定了学生的全面发展理论基础，形成了创新创业教育这种全新的教育理念和教育模式，同时也反映了当今知识经济时代、信息时代的特征。

（二）创造力理论

人类具备一种独特的能力，我们称之为创造力。这种能力不仅使我们能够更新思维，创造新事物，还伴随着人心理层面的变化，逐步完善我们的创造内容。创造力相较于其他能力，其显著特点是独特性和新颖性。拥有创造力的人，他们不受既定条件的限制，能够灵活地根据已知条件进行创造。关于创造力的评判，存在多种方式，比如它是否对社会的发展有益，是否对个人或人类有所助益等。个体的创造力源于发散性思维，表现为一种外部行为。在学术界，创造力被定义为一种综合且整体的能力，它取决于个体的智力、相关素质等多种因素，是创造性思维的产物。创造力的主要构成如下。

第一，知识。知识是创造力产生的基本，无论是何种创造力，它所依托的都是不断丰富的知识，没有知识创造力便不能实现。

第二，智力。创造力的重心是智力，通常提到的智力是人类或者动物等普遍的精神才智，是一种处理问题的能力。这种能力的运用通常需要人们深入认识以及了解事物的本质，从而根据大脑中预存的知识以及阅历去处理问题。智力的主要方面是如何理解问题，根据问题去判断以及处理相关问题，同时，智力还可以提高一个人的思索能力以及学习能力、表述能力。

第三，品质。品质包含毅力、恒心以及涵养等内容。品质是个人在一定环境之下通过各种社会活动以及实践进程等体现出来的，它也是个体在涵养以及毅力等各个方面的一种综合素质。创造想要成功，关键在于有优良的个体品质。拥有优良的个体品质，才可以发挥出个体的主观能动性。

从上面可以看出创造力主要由三部分构成，包括个人知识层次、智力因素以及个人品质。这三个部分的有机组成情况直接关系到个体的创造力高低。目前很多高校的课程主要侧重的是根据创造力而逐渐延伸出其他方面，让更多学生对于创新创业教育有了更加深刻的认识，这也是创新创业教育改革的基础。

（三）三螺旋理论

三螺旋理论主要针对政府部门、高校以及企业三者之间的相互沟通和协作问题。三螺旋理论认为三者之间的联系与沟通是逐渐紧密的，而且三者之间也是相辅相成、共同进步的关系，这种关系对于如今的社会发展有很大的积极作用。

首先，高校对企业和政府部门具有显著影响。一方面，为了更好地规划教育教学，高校需参照政府部门的发展策略以及企业的管理和经济动态来确定教学方向，确保教育与社会整体发展相契合，从而推动社会持续进步。另一方面，学校的科研成果通过多元化的应用，在各方面实现互利共赢。这种模式确保了高校、企业和政府三者的共同发展、相互促进。

其次，企业对于高校和社会同样具有关键作用。高校的创造发明和研究成果能够极大地加速企业的发展。正因如此，企业要实现利润增长和效益最大化，离不开高校的支持。一方面，企业借助高校的科技成果和研究，使市场更加活跃，如优化经营管理、培养具有强大营销能力的专业人员等。另一方面，企业的发展也离不开高校和政府的有力支撑，同时，企业的发展也能为高校和政府带来更多资源，确保高校科研的连续性和深入性。

政府部门、企业以及高校三者之间紧密相连、相互促进，共同推动国家的发展。在我国，政府部门主要扮演宏观调控的角色，通过政策调节等手段协助高校和企业协同发展。当后两者面临经济、社会困难或矛盾时，政府部门能够发挥协调作用，帮助解决问题。

根据以上情况来看，政府部门、企业以及高校三者之间是相辅相成的关系，简言之，三者之间是珠联璧合的关系。各大高校以提高学生创造力为基础，开展各种创新创业方面的教学活动；企业则给学生提供更多的自主创业的辅助设备或者资金等；政府起到中介作用，维持着企业与各大高校的整体平衡。政府根据社会经济的发展更新各种政策性信息，让企业和各大高校和谐发展。政府、企业和高校发挥自己所长，相互沟通与合作，逐渐演变成新兴螺旋体。

（四）创新理论

创新并无局限性，它是个体基于已有知识资源逐步演进的过程，旨在发现新事物。创新倾向于与经济理论和管理理论相结合，构成其内在理论基石。创新是社会经济持续变革的基石，它是对新事物和新路径的具体实现，即将新事物的要素和必要条件融入企业生产管理体系中，进而构建全新的生产函数。许多人误以为全新的生产函数仅指科技发明，然而并非如此。它更多的是将已有科学技术与企业管理等相结合，转化为新的生产能力，这种生产能力以盈利为导向，直接革新了原有的生产技术，使生产力等方面得以优化，最终达成企业的终极目标——利润最大化。

（五）创新人假设理论

创新人假设理论是一种关于人性假设的全新理论，该理论认为一个现代管理者成为领导者的关键在于创新，要通过提高成员的创新能力来提高企业整体创新水平。创新人假设理论的主要内容包括以下两个方面。

第一，创新人假设理论针对的是需求层次理论的最高需求层次，最高需求层次的自我实现是指自我创新、自我突破。换言之，人的需求不断从低层次到高层次上升，最终要实现自我创新、自我突破。

第二，对于个人而言，人们需要通过不断创新来适应知识经济时代的到来。新时代的社会在快速发展，要求人们通过自我激励、自我控制这一途径，持续地提高自我的创新能力，在事业上做出更好的成绩。对于企业而言，可持续发展的关键是成员在企业中能够更好地实现自我创新，这也要求企业创造积极、平等、自由、民主的工作环境。对于管理者而言，在个人创新目标与企业目标保持一致的情况下，应当积极采取多种方法激励员工实现自我价值，在实现自我创新和个人目标的同时实现企业目标，达到双赢的局面。对于高校而言，创新人假设理论为创新创业人才的培养提供了强大的动力，因为它强调追求创新和自我突破是个体的内在需求。

（六）协同创新理论

创新不单指科学技术上的发明，还包括将新产品商品化。这是指将已经存在的科技以营利为目的，组合生产要素与条件用于生产体系，建立新的生产函数，应用到企业中的生产能力。这种生产能力不仅能提高功能或者效率，获得经济利益和社会价值，还能够促进科学技术和生产资料的改革创新，同时对生产、经济、社会、科技都起到推动作用，这就是协同创新。

具体而言，协同创新是以知识增值为核心，分享技术、知识、能力等方面的创新机制，是政府、企业和高校等主体为了最大化地取得科技成果而开展的大跨度整合的创新组织模式。协同创新能够发挥各自的优势，实现优势互补。在协同创新机制下，每个相对独立的主体之间的奋斗目标相同，通过现代化信息技术搭建平台，相互沟通，实现资源共享。

协同创新理论对我国高校开展创新创业教育具有现实意义。新时期，科学技术和社会经济间的联系、学科间的联系都日益紧密，交叉学科逐渐成为科学技术创新和发展的新增长点。先进的科研仪器、优秀的科研队伍是比较重大的科学技术创新或工程创新的必备品。在当今这个知识信息时代，基于复合学科的联合创作离不开协同创新。

从整体上而言，协同创新的创新组织模式比较复杂。机制恰当、制度安排合理是协同创新组织模式构建的关键点。良性互动的创新模式需要多元主体参与。协同创新组织模式的核心要素是高校、企业组织、研究机构，补充要素是实践平台或者非营利性组织，如政府等。

协同创新理论有两方面特性：一是整体性。整体性指不局限于各要素的简单相加，而是通过整合实现各要素之间的紧密结合，达到最优的效果。整体性还体现在协同创新的方式、目标以及其功能上。二是动态性。从整体上而言，协同创新是一个比较复杂的创新组织模式，在这个模式下，高校和科研机构等与企业会有动态的、不断深入的资源整合过程。这体现了协同创新的动态性。

（七）个性化教育理论

当今社会崇尚个性，也注重发展个性。在当前知识经济时代的背景下，顺应时代的发展，开展个性化教育是世界教育改革的主要趋势。个性化教育理论认为，高校只有突破传统的教育模式，重视学生个性的差异，结合现实情况，针对学生的个性有效地设计培养方案（教育的目标、内容、模式等），才能充分实现学生的个性化发展，最大限度地发挥学生乃至高校的自身资源优势，才能更好地适应信息时代的要求。

四、高校创新创业教育的基本目标

进入新时代，国家以发展的实际情况为依据相继提出了一系列举措和要求，范围涉及多个领域，其中就包括创新创业领域。无论是把创新作为带领我们前进的第一动力，在2035年迈入创新型国家前列，还是注重加强人才培养质量的持续性，对大学生创新创业综合素质提出的新要求；无论是视就业为最大的民生，努力改善民生现状，把人民放在发展的中心位置上，还是把大学生思想教育的相关内容贯穿教学工作的全过程，不断提高大学生创业就业的质量，最终实现人力资源强国和教育强国的目标……这一切都是国家、政府、高校在进行新时代大学生创新创业教育时需要遵循的依据和最终的培养目标。如今，大学生创新创业教育具有全员性、实践性、全程性、灵活性的特点，相关内容包括思想上的转变、对精神的塑造、对能力的培养等，把高校的创新创业教育贯穿新时代人才培养和高校教学的全过程，通过灵活运用各种理论教学和实践教学等多样化多层次的教学手段，在国家层面、高校层面、学生自身层面等多个层面实现可持续发展。

五、高校创新创业教育的特征表现

创新创业教育虽然与传统教育有一些共通之处，但二者之间存在鲜明的差别，创新创业教育是对传统教育模式的发展与超越，它自身具有一些独特性，主要表现在以下方面。

（一）领域广泛的理性教育

创新创业教育虽然鼓励学生进行创业活动，但它也是一种理性的教育模式，帮助学生理性认识并分析创业市场、理性选择合适的创业方向、理性地提升自己的创业技能和创业基本素养。创新创业教育涉及的领域极为广泛，科技领域、设计领域、食品领域等都是其涉及的相关领域。

（二）具有前瞻性的引导教育

创新创业教育具有前瞻性和引导性。创新创业教育同时承担着知识传授和知识、技能发展创新的双重职责，是一种具有前瞻性的教育模式，这种前瞻性也赋予了创新创业教育更多的生命活力。此外，创新创业教育不等同于创新创业实践本身，创新创业教育是引导学生进行创新创业实践的教育，其主要功能是引导并指导学生进行创新创业活动，通过对学生创新思维、创新能力、创业知识与技能的培养达到塑造学生创新创业型价值观的目的。也正是创新创业教育的前瞻性使其具有极强的生命力和竞争力。

（三）强调互动的开放教育

创新创业教育是一种强调互动的开放教育。其个性化培养模式对学生的参与、互动程度提出了更高的要求，教学开展也注重师生之间、学生之间的沟通与合作。这种开放互动的模式能让学生在讨论合作或者争辩中理解对方的观点，进而不断修正并完善自身的创新创业计划。此外，创新创业教育能为学生提供更大的自由、开放的学习与实践空间，是一种充分尊重个体独特性的教育，它在学习内容与创业实践等方面都给予了学生自由选择的空间。创新创业教育是一种模式开放、教学内容多样、关注挖掘校内外各种教学资源的开放教育。

（四）以实践为主的多样化教育

创新创业教育极为看重教育中的实践性教学，通过多样化的课程设置、教学内容安排、教学活动规划使教育活动与社会生活、生产紧密相连，让学生在教学活动中充分发挥实践活动与创造活动的主体作用。创新创业本身就是一种实践活动，因此，为创新创业服务的创新创业教育必须具备鲜明的实践特征，这就要求创新创业教育不仅要给学生传授创业相关的知识，更要培养学生创新创业实践的能力，提升创业相关的管理、分析、沟通等技能。

（五）尊重学生主体性的全员教育

创新创业教育是尊重学生主体性的全员教育，它面向全体学生，是未来高等教育发展、革新的主要方向。创新创业教育强调尊重学生的主体意识，在教学过程中发挥学生的主体作用，创新创业教育与传统教育的区别在于其课程开发设计、教学活动开展都以学生为中心，在关注学生个体特性的基础上因材施教，挖掘学生潜质，改变传统的学生被动学习的状态，进而培养他们的思维。创新创业教育具有全员性，它不是仅仅面向有创业意向的学生，而是面向所有学生。因此，创新创业教育是贯穿专业教育始终的，在与其他教育的融合中激发学生的创新创业精神。

六、高校创新创业教育的作用

创新创业教育在特定的经济转型时期，能够为学生创造更多的就业机会，对缓解学生就业难的状况起到非常重要的作用。创业者通过自主创业，不但能够解决自己的就业问题，而且能创造出大量的就业岗位，帮助其他学生就业，从而较好地缓解社会岗位需求和劳动力资源之间的冲突，有利于促进社会的稳定、和谐发展。同时它还能在一定程度上改变人们的就业观念，倡导学生进行创新创业，为培养具有创业实战技能和创新精神的人才创造条件。因此在社会经济转型时期，创新创业教育是国内高校教育改革的一个重要方向，也是时代赋予高校教育的重要责任。

（一）推动知识经济与社会经济的转型与发展

知识是一种具有创新动力的资源，知识经济将知识和科技信息的重要性放在传统的土地、原材料、资本和劳动力等资源之上，怎样将人的创新潜能最大化是其主要任务。经济的发展必然建立在知识水平提升的基础上，而创新型人才的培养将是提升知识水平的重要手段和途径。创新型人才是一种高素质、复合型的人才。在知识的传播、转化和应用中，高校极其重要，它将推动知识经济的发展和壮大。现在为了适应知识经济社会的发展需求，要求高校对人才培养做出适当的调整，其目标将转换为培养创新型人才，而非只是培养传统的就业型人才和应用型人才。因此培养具有强烈创新意识、创新精神以及较强创新实践能力的高素质、复合型人才也将成为经济转型时期高校人才培养的首要目标和最终任务。

目前我国正面临资源配置和经济发展方式的重要转变，这也正是社会主义市场经济转型的重要时期。对传统经济模式予以改革，才能适应未来经济社会发展的要求，促进国内经济高速稳定发展。高校开展创新创业教育在一定程度上可以为国内经济社会转型保驾护航，从中涌现出大量的新兴工业和新兴产业，为经济发展创造新的增收点，使产业链得到更好的优化和延伸，为产业结构的完善营造有利的市场环境。为了培养出既具备专业知识又具有创业实战技能的人才，需要高校在教育中融入创新创业培养理念，从而使学生具备更强的国际竞争力，这也是高校适应社会主义市场经济转型所必须设置的改革目标。

（二）提升全民综合素质与深化教育改革

深化教育改革能有效提升全民综合素质，从而促进知识经济时代科技的发展，能够更加满足市场经济发展的需求。创新创业教育改革要在传统教育和传统就业理念的基础上进行创新，有利于推动知识经济的发展，优化和改进市场经济体制，从而满足市场对人才的需求。对教育进行改革的最终目标是促进经济的增长。因此对传统教育进行改革，要采用创新式的教学方法和模式，面对新的挑战时积极抓住新的机遇，从而促进国内经济稳定健康发展。创新创业教育不仅促进受教育者转变传统的创业观念和就业理念，而且对人们的教育观念转变产生积极的影响。高校要基于本土的实际情况和教育现状，并结合国外优秀的教育经验展开具有创新意义的教育改革，为形成中国特色的创新创业教育而努力。

教育改革涉及多个方面，无论是从教育理念到内容体系，还是从方法手段到环境设备，都要进行创新改革，从而完成创新创业教育的顺利转型。提高全民综合素质，使创新创业教育人才真正发挥自己的所长，确保国内经济建设稳定发展，这也将是国内在很长一段时间内创新创业教育改革的重要目标。从教学内容体系的角度来看，平衡专业和行业之间的关系，并且让专业得到拓展，构建和完善受教育者个性化的知识结构体系，是创新创业教育改革所要达到的目标。从教学形式的视角出发，受教育者需培养强烈的创新创业意识。在此过程中，不仅要充分发挥传统讲授法的优势，还需融入多样化的教学方法，如练习、角色扮演、案例分析和讨论等，以丰富创新创业教育手段。这些举措旨在帮助受教育者敏锐捕捉商业发展机遇，把握创业良机，并寻找理想的创业合作伙伴。此外，鼓励学生积极参与各种创业实践活动，以积累实践经验，提升实践技能，为未来创业奠定坚实基础。这些努力均要求对传统教育功能进行深刻的改革和升级，以实现社会、经济和教育三方面的和谐共进，进而培养学生的创新精神，提高他们的实战能力，以满足国家对创新型、复合型人才的迫切需求。

创新创业教育不但能够使全民的综合素质得到有效提升，同时能促进国内的高等教育改革，这是知识经济发展的必然方向，也是国家高等教育所必须面对的挑战，必须承担的责任。根据中国的基本国情，需要进行创新创业教育改革，这已经引起社会各界的普遍关注。高校进行创新创业教育具有两个方面的内涵：一方面是创新创业教育活动的开展，将有利于培养学生的创新精神和创业观念，对整体国民素质的提升具有重要意义；另一方面是创新创业教育有利于改进和完善中国转型时期的高等教育内容体系。

（三）推动区域经济的发展

创新创业教育活动的积极开展，有利于挖掘和培养创新型人才，推动社会经济稳定、快速地发展，同时对区域经济发展起到一定的支撑和推动作用。一般情况下，每个区域都具有自己的特色产业和优势产业，这些也是推动区域经济发展的重要内动力。而创业者更是推动区域经济发展的重要因素，他们的素质和能力都将直接影响区域经济的发展，对区域经济的长期稳定发展有着至关重要的作用，同时制约着企业创办数量的增长速度。

（四）全面提高学生的个人素质

国家经济的高速发展，离不开高素质劳动者的努力付出和辛勤工作。一个高素质的劳动者，不但需要在基础文化素质、技术、职业素质以及思想品德素质上达到一定水平，同时对创业素质有较高的要求。创业精神和开拓精神是一个高素质劳动者所必须具备的精神，也是推动社会主义现代化建设的重要条件和前提。创业者的目光不能只停留在提高自身能力和实现自我价值的层面，而应该从国家富强的角度来看待自己的创业。创新创业素质是受教育者最基本的综合素质，它能有效引导受教育者向更高层次发展。学生的创业过程可能是一个长期的、艰苦的过程，会遭受各种各样的难题，遇到各种各样的挑战，并受到来自外界和自身因素的影响。自身因素主要包括创新创业知识、素质、能力和意识等。学生需要接受创新创业教育才能具备这些素质，并激发创造潜能，发挥优势，创造、提升更具优势的市场竞争力，体现自身社会价值。

在素质教育过程中，最主要的目标是培养学生的创业意识和提高学生的创业能力。一个人是否有创新潜能和动手实践能力将决定他能否创业成功。在创业中不能忽视创新的意义，它将直接影响创业能力的大小，而创业的成功更离不开扎实的创新教育。创新和创业的本质是创新实践，所有的创新创业活动的开展都是创新实践的体现，特别是高科技的创新创业，都需要通过创业实践验证其有效性。

创新教育比较重视对人的素质发展进行整体的了解，而创业教育则注重帮助受教者实现自我价值和社会价值。这二者在本质上和内容上具有一定的相通性，二者是相互促进的关系。创新创业教育是通过培养学生的创业技能和创业精神，从而促使其进行创业实践，并不断培养学生的创新能力的过程。创新教育和创业教育是紧密相连的、不可分割的。学生是未来社会发展的主导者和承担者，因而培养他们的创新意识和创业精神，也是高校教育改革的重要目标和方向。

七、高校创新创业教育的支持体系

（一）校外环境的优化

只通过高校来贯彻落实创新创业教育几乎不可能实现，校外环境以及社会支持必不可少。尤其是政府相关部门应当充分发挥领导作用，全面配合落实创新创业政策。对于学校创新创业教育的开展而言，校方应当在政府部门的帮助下合理运用市场机制。在整个创新创业教育过程中政府部门所发挥的作用不可小觑，政府部门具有一定的管理权力，有权采取一定的措施来维护社会的和谐稳定发展，也可以对部分社会现象做出调整，在公共权利的拥有问题上，政府部门具有绝对权。总体而言，政府与高校二者密切相关、相辅相成、相互促进，因此，在高校落实创新创业教育理念时政府应当从以下方面进行。

1. 落实与完善创新创业的政策

随着时代的不断进步，党和政府高度重视并提倡全民创业，为了响应国家的号召，各个地方的政府部门出台了有关创新创业的政策并予以相应的指导，其最终目的是提升大学生的创新创业能力。

（1）应当让更多的大学生去了解出台的各种创新创业政策，通过免费咨询服务等方式为大学生答疑解惑，对于有想法的大学生，应当予以充分的肯定并为之提供创业帮助，如减免税收、无息贷款等。为了让更多的大学生了解创新创业政策，还需要将整合好的有关政策装订成册，向大学生发放。

（2）仅让大学生了解政策还远远不够，更重要的是教会他们如何利用相关政策。针对此问题，最好的解决办法就是举办宣讲会，主要围绕创业展开论述，为大学生提供更多的思路并使他们深入了解相关政策。

（3）要为大学生争取更多的有关创业的优惠政策，政府有关部门应当就大学生创业问题加以指导，应当采取一定的方式方法培养大学生的创新创业能力。例如，可以专门开设创新创业学科并将其纳入必修学分，倡导并鼓励大学生自主创业；如果大学生是以创业为目的去留学，学校可以为其保留学籍。此外，还需要不断优化市场竞争模式，力争为大学生打造良好的创业环境，政府部门也应当自我规范、自我约束，拒绝影响社会良好创业氛围的行为。

2. 建立政府与社会多元化融资渠道

高校开展教育活动的经费大多源于政府部门，只有政府部门足够重视高校教育并加大资金投入，高校才能够更好地开展创新创业教育。政府部门并不是无条件地为高校投资，在投资时会向创新能力以及科研能力较强的高校倾斜，但总体而言还是应遵循公平公正的原则。政府部门应当从思想上重视，用实际行动为创新创业教育事业做出贡献，不断加大对高校的投资力度。也可以为大学生谋求最多的创新创业基金，主要通过建立"大学生创新创业基金"的方式开展，常见的三种渠道有社会募集、贷款和政府扶持。筹集资金的有效方法如下。

（1）大学生为了更好地解决创业初期资金不足的问题，可以通过担保的方式获取贴息贷款的资格，担保人一般为学校、企业或政府，贴息贷款可以减息让利，因此是大学生不错的选择。

（2）采用信用担保贷款的方式，此种方式并不适用于全部大学生，采用信用担保贷款的大学生一般在校表现优异，由于校方与企业具有合作关系，高校可以直接将品学兼优的大学生推荐给企业，学校的评选结果可以作为其信用良好的有利凭证，创业的大学生采用这种方式向银行提出信用担保贷款的申请。

（3）建设高新创新创业园区，主要面向有理想、想创业的大学生，为他们提供相对优越的创业环境，还专门在园区内设置创新创业孵化器。学生有权提出园区转换申请，具体而言是将高新技术开发区转变为适合大学生创业的创业园区，要求园区适当降低入驻门槛并且尽可能不收取额外的费用。在资金问题上，相关部门应当予以更多帮助，如减免税收、免费办理相关手续等，充分肯定并鼓励大学生开展创新创业活动。

3. 给予高校更多的办学自主权

政府部门在管理与调控高校的过程中，总是将人民的利益放在首位，贯彻落实以人为本的科学发展观。高校在办学方面具有高度的自主权，政府部门只能对高校的发展起宏观调控以及一定的推动作用。总体而言，政府部门应高效完成宏观调控、整体规划、资金支持和教育教学评价等任务，不得干涉高校办学的自主性。

给予高校更多的办学自主权，才能使高校合理合法地对学校教育与发展实施自主管理，这实际上对于政府相关部门自身的管理也十分有利，政府部门可以在法律规定的范围内对高校的活动进行监督与管理。尽管高校具备高度的自主权，但与政府部门的职能还是密不可分的。因此高校办学自主权的实现，需要以政府调整职能为基础与前提。

4. 完善政府部门服务体系

（1）向大学生发布创业信息。发布创业信息的渠道众多，可以借助报纸、网络等，为大学生提供最新的创业信息与发展趋势，政府部门也可以为大学生提供免费的创业咨询服务。

（2）建立相关的创业项目负责机制。由行政管理部门接手，主要针对教师进行专业化的指导培训，还需要跟进项目并予以一定的指导。

（3）创建"大学生创业超市"。所谓"大学生创业超市"只是很形象的比喻，具体是指将有关创业的信息整合好，供大学生选择并使用，主要目的是提供资料、共享资源。

（4）成立专门针对大学生的法律援助中心。创业过程中实际上会涉及众多法律问题，为大学生提供法律援助不可或缺，尤其是提供免费的法律咨询服务至关重要。

第三节　高校人才培养及其创新模式

一、高校人才培养的类别划分

（一）应用型人才的培养

应用型人才是指从事利用科学原理为社会谋取直接利益工作的人才。他们的主要任务是将科学原理或新发现的知识直接用于与社会生产生活密切相关的社会实践领域。就应用型人才的知识构成而言，其知识结构主要由应用科学的知识体系组成。就学理而言，应用科学是与基础科学（或理论科学）相对的一个词，是和人类生产生活直接联系的科学。在实践中，人们常把应用科学作为工程科学和技术科学的总称。

应用型人才的核心是"用"，本质是学以致用，"用"的基础是掌握知识与具备能力，"用"的对象是社会实践，"用"的目的是满足社会需求，推动社会进步。

经济发展从要素驱动、投资驱动转向创新驱动，必须有大量专业基础扎实、技术实力雄厚、实践能力突出、真正可以学以致用的高素质应用型人才作为支撑。我国经济社会发展迫切需要高校培养三类人才：①理论＋技术实践＋多专业知识交叉应用的技术集成创新人才；②理论＋技术实践＋创新设计的产品创意设计人才；③理论＋技术实践＋创业市场能力的工程经营管理人才。应用型人才是科学技术转化为现实生产力的重要桥梁，是高等教育应用价值的直接载体，是将"智慧"转化为"实惠"的关键所在。

随着知识经济时代的到来，飞速发展的高新技术，加快了我国经济结构的战略性调整——从劳动密集型向知识密集型转型。生产一线的各种技术，如现代化设备及其软件的应用、管理、维护、革新及研发等，对技术人才提出了更高的要求。如今，生产现场不仅需要技术工人，同时需要大量适合在生产、管理和经营等工作一线进行应用研究、技术开发、产品试制的技术应用型和技术开发型的高级技术人才和高级管理人才，以满足现代高新技术产业的技术创新的客观需要。因此，应用型人才的社会需求大增。

但是应用型是相对的概念，相对性可以从两方面去理解，其一，应用型是相对于理论型而言的；其二，应用型的相对性表现为在不同的历史时期、不同层次的教育，有不同的内涵。应用型人才的概念应当放在确定的培养层次与科学上来理解，而不宜笼统而言。应用型人才是相对于基础性人才而言的；基础性人才是指以探索未知、认识自然、发展科学为己任的进行基础研究的专门人才，即能够研究和发现自然界的一般规律的人才；应用型人才是能够把已经发现的一般自然规律转化为应用成果的桥梁性的人才。

（二）学术型人才的培养

学术型人才是指从事研究客观规律、发现科学原理的人才。他们的主要任务是致力将自然科学和社会科学领域中的客观规律转化为科学原理。就学术型人才的知识构成而言，其知识结构主要由基础科学的知识体系组成；就学术型人才的工作职能而言，其研究活动的主要目的是探求事物的本质和规律。由此可见，学术型人才的主要特点是以客观规律为研究对象，从事学术性的工作，与具体的社会实践的关系不直接。在现实中，学术型人才主要是指那些从事基础科学研究的科学家，如数学家、物理学家、化学家、生物学家、经济学家、法学家和语言学家等。

（三）技能型人才的培养

技能从教育学与心理学的角度来说，是指个体运用已有的知识与经验，通过练习而形成的智力动作方式和肢体动作方式的复杂系统，是通过练习获得的。技能是人们运用已有的知识，通过练习，按一定的方式将若干局部动作合理完善地连贯成一个动作系统，以顺利完成任务的活动方式。技能型人才是在生产第一线或工作现场通过实际操作将工程型人才设计出来的图纸、计划和方案等转变成具体产品的人才，他们主要从事具体的社会生产实践活动。

技能型人才实现了生产工艺向产品形态、流程设计向具体操作转化。他们是最终产品与服务的直接创造者，是社会活动的直接实践者，如园林师和高级厨师等。

二、高校人才培养创新模式思考

（一）高校人才培养模式的反思与创新

高校人才培养模式是人才培养的关键，对于人才培养的质量具有决定性作用。人才培养模式是动态的、变化的、发展的，一种成熟的模式既有一定的理论基础，又能在长期的实践中不断丰富完善，形成相对稳定的结构特征，从而指导实践。认真反思现实中典型的人才培养模式，从中总结经验和不足，对深入探讨新形势下人才培养模式的创新问题具有重要意义。

1.人才培养模式的反思

（1）以知识传授为中心。以知识传授为中心的教育理论实质上就是科学主义的教育观，它强调科学在教育中处于核心地位。教育以科学知识的学习为中心，学习即意味着获得知识，而获得知识的主要途径是书本和以教师为中心的课堂教学。科学知识按照自身逻辑及难易程度被编写成不同年级的教材，学生的学习成绩及升入高一级学校要通过考试来决定。这一理论重视知识的系统性、科学性、教育性和可接受性等原则，形成了以传授知识、记忆知识为目的教育模式。

（2）以学生为中心。

1）培养目标的个性。以学生为中心的人才培养模式强调以人为本，一切为了学生，尊重学生的天性和内在需要，注重学生自我价值的实现。学生学习的目的不仅仅是掌握知识，更主要的是要加深对知识思想文化内涵的理解，生成学习能力，培养思维习惯。这种模式的培养目标是要培养出具有远大理想和抱负的创新型人才。

2）人才标准的多元化。以学生为中心的人才培养模式，尊重个体差异，注重学生的个性化发展，其人才标准是多元化的。在教学中发现和寻找每个学生身上的闪光点，挖掘学生的优势潜能，善待每一个学生，根据不同学生的特点，因材施教，使学生各方面潜能得到充分发展，培养各行各业的精英和领军人物。尊重人才成长规律，为每个学生提供适合的教育，使学生多样化发展。

3）培养方法的多样化。以学生为中心的人才培养模式主张教师的"教"服务于学生的"学"。在教学中注重灵活运用多样的教学方法，采用讨论式、启发式、探究式和合作式等多种方式，培养学生的思维能力。通过创设生活情境和问题情境，制造认知冲突，引疑释疑，培养学生发现问题、解决问题的能力。教育过程中重视学生动手能力的培养，通过校内外社会活动，培养学生的综合实践能力，增加师生的亲密交流，增强学生主体学习的参与意识，引导学生主动学习、自主发展。

2.人才培养模式的创新

（1）凸显学生的主体性。学生的主体性规定了学生在教育教学活动中所处的地位，以及作为主体的人所具有的性质。以学生为主体就是以学生为中心，培养学生在认知、交往及自我反思等活动中表现出能动性、自主性、自为性、自律性和社会性等基本特征，包括认识、实践、追求、意志、理想、交往、沟通和协作等。主体性从本质上来说强调的是人性。人的生命是自由的，是以其差别性、多样性和对立性促进人类社会发展的；人有丰富的精神世界，人有信仰和对人生意义的价值追求，人总是在不满足于现状中否定、超越和创新。教育必须在充分把握人性、尊重生命的基础上创新人才培养模式。

1）充分把握主体性的内涵，按照以人为本的方式培养人才。要坚决改变过去把学生"物化""非人"教育的局面，把教育过程转化成生命自我建构和生成的过程；在教育活动中充分地挖掘和彰显"自由""自觉""自主""创造"等人的本性；把学生的自主发展作为学校教育教学工作的出发点和归宿，针对学生的个性，最大限度地挖掘其潜能，使他们能够在适合的环境下自由生长和发展。

2）真正落实学生的主体地位。学校的一切教育教学活动都要围绕学生这一中心进行，一切为了学生的健康成长和全面发展，学校和教师为学生的自主学习、自由选择、自我负责、自由创造提供良好的服务和环境。在师生关系中真正落实学生的主体地位，要下大气力改变以教师讲授为主的人才培养模式，教师的课堂设计、组织安排都要从学生的学习需要和思维发展出发，从根本上转变角色；要从学生的角度确定学校的办学定位和办学特色，加强和推进专业建设、课程建设、教师业务发展和教学方式方法改革。

3）培养学生的主体性意识。学生的主体性不是凭空产生的，是在教学活动中被激发和形成的。主体性意识是指学生个体在对象性活动中，能够意识到自己的地位、任务、价值及作用，从而积极地投入智力和精力，努力学习和创造。学生只有具备了主体性意识才能够真正成为学习的主人。要使学生树立正确的世界观和价值观，端正学习态度，拥有远大理想和抱负，具有强大的学习动力和内驱力。培养学生学习的自主性和能动性，使他们形成爱学习、爱动脑、会学习、会思考的习惯和能力。特别要纠正很多学生利用现代技术手段，从网上下载复制、在终端合成等消极简易的、拼凑式的学习方式。

（2）重点培养学生的思维能力。创新人才培养模式的关键是如何有效培养学生的思维能力。思维能力的高低是衡量人才水平的标准，是一个人能否创新创造及其创新创造层次的决定性因素。因此，一切教育教学方式方法的改革都要围绕培养学生的思维能力进行，它起到改革的统领作用。

1）培养思维能力的关键是创造环境，激活思维，释放创造性能量。创造性智慧往往是在环境的刺激下，冲破阻力显露出来的。学生的参与十分重要，创造有效的参与性环境是教师教学智慧的表现。

2）培养学生有广泛的阅读兴趣和多种爱好，使学生形成多元知识结构，发展想象力。想象力是思维的高级形式，是在多元知识结构中各要素相互碰撞和作用下形成的。因此，我们的教育，在学生打基础的阶段要注重课程设置的广博性，要留给他们充足的时间进行课外阅读、发展兴趣爱好，使他们不仅仅生活得丰富多彩，而且能够把种种精神素材和思想素材加以组合，产生奇妙的想象。在基础教育阶段，我国的学生为了应试，根本没有时间进行广泛阅读和发展个人爱好，这种局面必须改变，要在课程设置、学校及课堂学习时间上进行深刻的改革。

3）培养学生质疑、批判的思维品质。质疑和批判是科学创造的前提和动力，没有质疑和批判就没有科学创造。质疑和批判是创造性思维的品质。培养学生质疑和批判的思维品质已成为目前世界各国教育改革的重要任务。在课堂上教师要敢于讲自己不懂的问题，与学生一起探讨。学生要敢于挑战导师和权威，多探讨一些没有标准答案的开放式问题。要创设一切有利条件，培养学生的质疑、批判精神。

（二）高校人才培养的"三融合"模式

1. "三融合"人才培养模式的目标与特点

"三融合"是指跨学科专业交叉融合、教学与科研实践融合、创新创业教育与专业教育融合，也包括三个维度之间的融合，是一个整体概念和复合系统，其目的在于通过构建学科、专业、教学、科研、实践、创新创业的复合育人系统，全面推进教学育人、科研育人、实践育人和创业育人。"三融合"人才培养理念包括育人为本、德育为先、能力为重、全面发展。"三融合"人才培养模式的构建和实施，要求在人才培养过程中坚持知识、能力和素质培养的协调一致，坚持人文素质教育、科学素养培育和实践能力训练的协调一致。

（1）"三融合"人才培养模式的目标。

"三融合"人才培养的总体目标是要培养合格的建设者和可靠的接班人。具体目标是知识传授、能力培养和人格塑造。

1）"三融合"人才培养模式的知识传授目标更着眼于学生创新精神的培养。当然，我们不否认知识结构的重要性，创新精神的培养也需要建立在良好知识结构的基础上。

2）能力培养目标更加凸显创业能力的培养。这里的创业能力是指开创一番事业的能力，是让学生能够通过受教育的过程全面提升综合素质，将理论知识付诸实践，增强解决实际问题的能力，不断提高与时代发展和事业要求相适应的素质和能力。

3）人格塑造目标强调提升学生的社会责任意识。人格塑造的出发点是立德，落脚点是树人。"三融合"人才培养模式的人格塑造目标就是要使学生始终坚定理想信念，具有服务国家、服务人民的爱国献身精神和良好的思想道德品质。

（2）"三融合"人才培养模式的特点。

1）整体性与系统性特点。"三融合"人才培养模式是一个整体概念。其整体性体现在系统内的各要素之间相互关联、相互作用和相互影响，构成一个统一的整体。如果系统内部的某一个要素或子系统发生变化，就会影响其他要素或系统的变化。

"三融合"人才培养模式是一个复合系统。一方面，从系统观的角度出发，"三融合"

人才培养模式由若干要素组成，如学科、专业、教学、科研、实践、创新创业、教师、学生、管理者和社会组织等，这些要素既有主体的要素也有客体的要素，不同要素的属性和行为形成一定的结构，并实现特定的功能，进而成为有机系统；另一方面，复合系统与单一系统不同，复合系统依赖于各个要素之间、各子系统之间的相互关联和相互影响，以及在特定的关联和影响作用下产生一定的综合效应。"三融合"人才培养模式由三个子系统组成，这种模式的质量取决于系统整体和各个子系统的运行状态。从这个意义来看，构建"三融合"人才培养模式，既需要以系统思维完善顶层设计，也需要搭建支撑系统的"四梁八柱"。

2）协同性特点。作为一个整体的复杂系统，"三融合"人才培养模式系统结构要素之间的协调、协作能够促进系统整体目标功能的实现，协同的结果是实现"1＋1＞2"的溢出效应，当然，"融合"本身也意味着"协同"；相反，系统结构要素之间的不协调、不一致则会导致系统运行不畅。

在创新创业教育与专业教育的融合过程中，需要各方协同。一方面，单靠高校自身的力量无法实现创新创业教育的目标和功能，高校需要借助政府部门的资源配置和政策支持，也需要金融中介机构的资金支持；另一方面，金融中介机构特别是风险投资机构也可以通过与高校协同，挖掘大学生的优秀产品和创业项目，实现共赢。

3）复杂性特点。"三融合"人才培养模式是一个复杂系统。其复杂性体现在以下两个方面：

第一，系统外界环境的复杂性。整个社会的政治、经济、文化等共同构成了高校人才培养模式的外部环境，在"三融合"人才培养模式构建和实施过程中，必然要和外部环境发生信息、物质和资源等交流，并受外部环境的直接或间接影响。

第二，系统要素和结构关系的复杂性。"三融合"人才培养模式具有多目标、多变量、多层次和多功能的特征，各个要素在时间和空间上形成一定的非线性联系，并由此产生各种复杂的、开放性的关系结构，要素、结构和功能的多变性导致其与经济系统一样呈现出复杂性。

2. "三融合"人才培养模式的逻辑关系

（1）融合的基础——跨学科专业交叉融合。广义的跨学科专业交叉融合是指一个学科的发展影响带动另一个学科的演进，也即发展模式和发展路径上的融合；狭义的跨学科专业交叉融合是指基于知识、技术的不同学科专业之间的相互渗透和相互影响。

学科是大学的基本单元，是大学实力的载体与表现途径，"双一流"建设的核心是一流学科建设，一流学科应该是与其他大学相比具有比较优势、社会公认度与美誉度极高的学科。

一方面，新技术、新产品、新业态、新模式的诞生往往依赖于学科专业的交叉和知识系统的融合。随着现代科学技术知识体系的不断发展，现代学科专业开始由离散状态向集约方向演变而形成了交叉、融合的网状结构。以前单一学科也可以产生一流学科，但在知识经济时代，单一学科越来越难以解决或回答日益复杂的技术问题、经济问题和社会问题。学科专业交叉逐渐形成一批交叉学科专业，交叉学科专业的发展壮大极大地推动了科技进步。科学上的新理论和新发明、工程上的新技术，甚至是商业模式上的创新，经常在学科专业的边缘或交叉点上，跨学科专业交叉融合是符合科学发展规律的。在新一轮科技革命和产业革命的背景下，技术的交互融合成为推动科技创新、技术进步和战略性新兴产业发展的重要支撑条件，而跨学科研究和跨领域协同创新有利于推进技术深度融合，提升实体经济的创新力和生产力。

另一方面，世界一流的高层次创新创业人才很难由单一学科培养出来。跨学科专业交叉融合是培育拔尖创新人才的重要路径。强调跨学科专业交叉融合的基础性作用，是指在加快推进教育现代化的进程中，跨学科专业交叉融合对提高国家关键领域的原始创新能力、自主创新能力具有重要的影响，而这也是国家赋予高校的重要历史使命。

（2）融合的关键——教学与科研实践融合。教学与科研实践融合是指在教学中融入科研训练，在科研实践中提升理论水平，不断提高学生的创新思维和实践能力，同时要求推进教学与社会实践融合，以及科学研究与社会实践融合。

1）教学与科研之间的相互作用。教学与科研之间的相互作用关系决定了只有当教学与科研实践融合，才能真正实现高等教育的人才培养目标。原因在于，大学的本质是培养人才，在人才培养上，教学和科研的目标是一致的，方法和手段是相互贯通的。高等教育的过程是一个锻炼创新思维的过程，教育者只有将教学与科研实践深度融合，才能够提升自身的教学水平、教学能力和教学质量，才能够将良好的学风、严谨的学术态度传递给受教育者，才能够真正培养出创新型的人才。从这个意义上看，教学与科研实践融合是构建"三融合"人才培养模式的关键。

2）从化解现实中教学与科研之间矛盾的角度出发。教学与科研实践融合是构建"三融合"人才培养模式的关键。目前提高教学质量的方式方法和手段更多的是从教学自身出发，忽视了科研实践在提高教学质量过程中的作用。总而言之，不论是评价体系的制约，还是教学与科研的对立和"两张皮"问题，都决定了教学与科研实践融合是构建"三融合"人才培养模式的关键点。

（3）融合的根本——创新创业教育与专业教育融合。创新创业教育与专业教育融合是在建构学生基本专业素养的同时，加强创新思维和创新方法的训练，以及创业意识和创业能力的培育。专业教育是创新创业教育的基础和载体，通过现代科学、人文知识的传授来提升受教育者的创新意识、创新素质和创新能力。但是，单一的专业教育也制约了复合型、创新型人才的培养，而创新创业教育正是其有益补充，是其必然的发展趋势。

创新创业教育与专业教育融合的核心是以培养学生的创新创业精神、创新创业意识和创新创业能力为目的，引导师生不断更新和升华教育观念，改革人才培养模式、教育内容和教学方式，将人才培养、科学研究、社会服务、文化传承紧密结合，实现从注重知识传授向更加重视能力和素质培养的转变。推进创新创业教育与专业教育深度融合，要建立在全面而深入的教育教学综合改革基础上，创新创业教育与专业教育融合是提高人才培养质量的根本。

（4）动态逻辑关系。

1）关联关系。关联关系主要表现在一个子系统与另一个子系统之间因某种因素而产生的相互联系，如重要的中间变量学科。

2）泛化关系。泛化关系是一种继承和派生关系：跨学科专业可以通过教学与科研实践融合使学生获得真实的知识和经验感知；学生获得的真实知识和经验感知，通过在专业教育中融入创新创业教育转化为实践能力和具体实践。

3）关联关系和泛化关系的存在直接导致依赖关系和实现关系的产生。

4）"三融合"人才培养模式要求坚持以学生为本的基本原则，最终目标是提高人才培养质量，手段和方法是学科交叉、全程渗透和跨界学习，具有交互性、共享性、开放性、协作性和自主性等特点。其良好运行依赖于信息的交互、资源的共享、平台的开放、部门的协作、教师学生和办学主体的自主。

跨学科专业交叉融合有利于催生一流学科，并通过优势积累效应集聚一流师资队伍、产生一流科研成果、提供一流社会服务；教学与科研实践融合有利于催生一流教学，在培育优秀学生的同时通过声誉传播效应集聚优质生源；创新创业教育与专业教育融合则将优秀学生培育为一流人才，在提升社会贡献的同时通过辐射扩散效应带来大学美誉。最终，"三融合"人才培养模式得以实现推进"双一流"建设的功能。

3. "三融合"人才培养模式的实施路径

（1）树立"三融合"人才培养的新目标新理念。

1）在高校深入实施"三融合"人才培养模式需要树立新理念。必须坚持正确的办学方向，坚持立德树人，坚持扎根中国大地办教育，紧紧把握国家世界一流大学和一流学科建设的重大历史机遇，不忘人才培养初心，牢固确定人才培养是第一天职的中心地位，树立"育人为本、德育为先、能力为重、全面发展"的人才培养理念，推动内涵式发展，着力构建以一流教育为核心的人才培养体系，着力推进以"三融合"为导向的人才培养模式改革，着力完善人才培养质量保障机制，实现全员全过程全方位育人格局，全面增强人才培养能力，努力把"三融合"人才培养模式上升到教育理念的层面。

2）在高校深入实施"三融合"人才培养模式需要把握新坐标。高等教育的内涵式发展对高校的人才培养模式创新提出了新的更高要求，"三融合"人才培养模式也应当首先把握高等教育人才培养的新坐标。必须结合新一轮科技革命和产业革命、国民经济和社会发展，以及高等教育发展的新形势、新要求及校本实际，明确与人才培养体系相对应的人才培养目标定位，这一目标定位既要全面服务于、服从于国家重大战略需要，也要充分结合高校的学科专业特色、教学科研优势、基础设施和条件平台、校园文化环境等基本要素情况。

3）在高校深入实施"三融合"人才培养模式需要政府加强对人才培养工作的宏观指导。建议教育主管部门研究制定符合高等教育高质量发展规律的高校分类发展规划，探索建立不同类型、不同层次高校的人才培养质量分类考评机制和保障机制，在高校教学质量国家标准中进一步明确"三融合"的相关要求，全覆盖、高标准、严要求，对高校专业办学质量进行动态监测，设定合理的"及格线"，对教学质量不合格的专业，进行适当的优化调整，全面提高高等教育人才培养质量。同时，抓好人才培养综合改革试点示范，推进一批高校开展人才培养模式创新和体制机制创新，及时总结、归纳和推广高校人才培养改革创新的成功经验。

（2）将新目标新理念融入学校顶层设计与培养方案。

1）要实现"三融合"人才培养目标，就要完善顶层设计制度。具体而言，主要包括关于人才培养总体目标定位的制度设计、关于人才培养质量的制度设计、关于教育教学总体要求的制度设计等。需要在高校发展总体规划中明确并在相关的专项规划中始终贯彻人才培养的目标定位，在全校形成关于人才培养目标定位的统一认识。

"三融合"人才培养模式是一个有机的整体，不能简单地拆分，顶层设计时要注意对"三融合"的三个子系统进行综合谋划，注意系统要素和功能的衔接。通过顶层设计，在全校范围内明确把提高人才培养质量作为学校的根本任务，把教育教学质量作为高校的生命线和评价教师优劣的首要标准。围绕如何全面提升人才培养质量，制定详细的发展规划和具体的实施方案，把全校的工作重点统一到教育教学工作这一中心上，统筹推进其他各项工作。明确学校各职能管理部门和教学单位的主体责任，制定时间表和路线图，要求各单位、各部门"制表上墙、挂图作战"。

2）要贯彻"三融合"人才培养理念，就需要加强组织制度建设。可以成立学校层面的人才培养工作领导小组，负责顶层设计构建"三融合"人才培养体系，推进"三融合"人才培养模式综合改革，研究制定"三融合"人才培养质量标准，推进协同育人工作，由各相关业务职能部门负责具体实施。同时，明确学院的人才培养主体责任，要求各学院强化人才培养的主体意识、责任意识，进一步健全全员育人、全过程育人、全方位育人机制，结合本单位实际，研究制定并出台推进"三融合"人才培养模式改革、提高人才培养质量的实施方案和具体举措。要将学校局部形成的"三融合"人才培养经验总结推广至全校，真正实现示范引领、协同推进。

3）要强化"三融合"人才培养过程，就要持续不断地完善人才培养各个环节的相关制度。学科建设、专业发展、教学师资队伍建设、学生工作队伍建设、课程体系和教学资源建设等相关的政策制定，都需要紧密结合"三融合"人才培养的目标定位和重点任务展开，所有的政策工具设计要着力形成互补关系，发挥协同效应，必须服务于、有利于"三融合"人才培养模式的具体实施。

4）要完善"三融合"人才培养评价体系，就要优化对教师和学生的评价标准制度。有利于"三融合"人才培养模式实施的教师评价体系，应当是能够充分调动和激发教师从事高质量教学热情的，应当是能够让教师潜心科研的，应当是更多地用质量指标而不是数量指标去衡量评价教师教学科研成果优劣的，同时应当是考虑教师职业角色多样性的。

对学生的评价，一方面在评价方式上可以探索多元化的方式，避免单一评价方式和评价工具的片面性；另一方面在评价标准上要避免单纯以学习成绩评定学生的优劣，要充分考查学生德、智、体、美、劳的全面发展，强调综合素质评价的重要性，同时要兼顾个别有特长学生的实际特点和个性发展的需求，为特长生、特色生提供进一步成长发展的空间。

（3）打造担当"三融合"人才培养重任的师资队伍。打造担当"三融合"人才培养重任的师资队伍，就需要进一步完善教师教书育人促进机制，健全教师分类评价体系，强化专兼结合的创新创业教育师资队伍建设。

1）完善教师教书育人促进机制，让广大教师在育人实践中自觉践行"三融合"人才培养理念。坚持"引育并举"，大力推进师资队伍建设。支持"教学与科研一流"的"双一流"团队建设，培育黄大年式教师团队。将教学水平高的教授为高校学生上课作为基本制度落实到位，确保教授从事公共基础课和核心课教学。促进教师全面发展，加强教学名师建设，推进院系学习共同体建设，完善传帮带机制，开展青年教师执教能力培训，完善以备课、试讲、助课和考核为基础的青年教师持证上岗制度和听课制度。强化导师作为研究生教育培养第一责任人的意识，建立完善导师激励与问责制，根据研究生培养质量探索构建导师质量约谈、限招或退出机制。

2）健全教师分类评价体系，突出教育教学业绩和师德考核。建立、完善并严格实施教师评教制度，加快教师评聘标准和绩效考核体系建设，加快建立并严格实施教师定期考核、淘汰制度。完善涵盖学生评价、教师自评、同行评价、督导评价和社会评价等多元教师教学质量评价体系。健全教学名师、教师教学优秀奖、青年教师教学优秀奖、青年教师教学竞赛、教师教学质量奖等教师评选和表彰制度。探索适当提高基础性绩效工资在绩效工资中的比重，加大对教学名师的岗位激励力度。教师开展教学理论研究、教学方法探索、优质教学资源开发和教学手段创新等，在绩效工资分配中要给予倾斜。

3）强化专兼结合的创新创业教育师资队伍建设。高校需要建立校内和校外两支创新创业教育师资队伍，提升校内管理学、经济学、社会学等文科专业教师和辅导员教师队伍的基本素质，加强师资培训，为学生开设高水平的创业管理、战略管理、金融学等创业基础课程；充分发挥理工科专业教师的主动性和积极性，建设一支既熟悉学科发展前沿又了解真实市场运行，并愿意带领和指导学生创新创业的教师队伍；积极邀请校外知名企业家，以及金融、财务、法律等领域的专业人员担任大学生创业导师或创业咨询顾问，充分利用校外导师在实践中积累的经验、人脉等各种资源。

（4）构建有利于"三融合"人才培养的平台载体。"三融合"人才培养模式的有效实施离不开硬件和软件平台载体的支持，具体主要包括教学基本条件、实验教学环境、实习实训平台及创新创业实践（孵化）基地等。

1）努力改善教学基本条件。建设一批网络多媒体互动式"智慧教室"，支持教师开展网络教学、翻转课堂和对分课堂等教学方式方法改革，推进教学管理系统现代化，以服务和感知为核心，构建面向教学评价改革和教学服务提升的现代化教学环境软硬件平台。同时加强图书与数据库等资源建设，充分利用"互联网+"，建设智慧图书馆，推进信息资源开放与共享。

2）强化开放实验室建设与绩效管理。完善专业教学实验室建设体系，系统实施实验教学中心内涵建设计划、专业实验室教学质量提升计划，建成一定规模的虚拟仿真实验室。深度开放和共享实验资源，开展实验室绩效评价，完善实验室管理绩效评价体系，要把跨学科专业学生使用实验室资源的频次和效果作为重要的衡量指标，定期发布实验室年度绩效评价白皮书，并建立配套激励机制。

3）加快实习实训实践基地建设。强化工程实践教学中心建设，建设一批基础实验教学中心，建设一批人文社科类专业实习、实践基地和实践教学平台，尝试探索不同学科专业的学生在不同类别的实习实训实践基地进行交叉学习训练的可行模式。

4）完善创新创业教育平台体系。充分利用各种资源自主建立或联合共建专业化众创空间、创客空间、科技企业孵化器和加速器，作为创新创业教育实践平台。广泛联合高新技术企业和地方政府建立形式多样的校外实践教育基地、创业示范基地和科技创业实习基地。通过培育和引进相结合的方式建立慕课课程体系、创业导师队伍和风险投资体系等。充分利用微信微博自媒体、互联网及其他学生喜闻乐见且便捷高效的方式，打造"线上+线下"的创新创业教育平台。

4. "三融合"人才培养的保障机制

（1）优化招生、培养、就业创业协同机制。深化招生制度改革。逐步完善高校学生生源选拔质量评价体系，形成分类考试、综合评价、多元录取的考试招生模式；优化硕士研究生学位类型招生结构，统筹博士研究生各类招生方式和计划类型，构建研究生招生计划与学科发展、创新水平和创新贡献的挂钩机制；着力构建协同提质责任体系。

建立校长与学院院长签订毕业生就业责任书制度，并将其纳入年终单位考评体系；将生源质量、培养质量和就业创业质量共同作为学科专业评估的重要标准，作为教育教学质量反馈机制的重要内容；不断优化协同提质运行模式。完善"招生—培养—就业创业"质量联动的常态化信息资源共享机制，统筹建设优质生源基地、实习基地、就业基地和创业实践基地，充分利用大数据、移动互联网等新技术建立覆盖省、市、县（区）三级的立体式、网格化社会资源管理和服务体系。

（2）建立稳定的人才培养投入机制。

1）稳步提高教学经费投入。建立优先支持教学发展的经费持续投入机制和科学合理的经费划拨管理方式，重点加大师资队伍建设、实验条件建设、实践教学环节和创新创业教育经费投入。

2）提高各类专项资金的使用绩效。加强预算、支出和决算管理，按照"总量控制、统一评审、注重绩效、动态调整"的总原则，根据建设项目绩效评价情况动态调整支持项目和支持力度。

3）优化教育教学资源配置。扩大学院办学自主权，探索实施院系办校，建立健全以人才培养质量为中心，以绩效考核为导向的经费配置机制，教育教学资源分配与学院教学、科研绩效考核挂钩，与招生、培养、就业创业质量挂钩，完全竞争类教育教学资源实行优质多投、优质先投。

（3）优化人才培养服务支持机制。

1）完善公共服务体系。提升后勤、医疗、住宿和图书等相关职能部门服务水平，建设服务于学生、教师及学术的服务型机关，推进人文校园、绿色校园、智慧校园、和谐校园和节约型校园建设。

2）拓宽办学资源筹集渠道。吸引社会捐赠，鼓励校友、社会各界以多种方式支持学校发展，提高资源使用效益。

3）改革信息化建设和管理机制。完善学校信息化建设统一规划与归口管理体制，整合学校各类信息平台，建设标准化学校中心数据库，实现业务管理数据全面共享，提高信息安全管理水平。

（4）建立人才培养质量评价与教学督导机制。

1）完善学校教学质量评估体系。建立更加完善的自我评估、合格评估、审核评估、专业认证及评估、国际评估"多位一体"的教学质量评价制度，以评估促进专业教学质量标准的不断完善，推进教学质量评价由约束性评价向发展性评价转变。

2）完善教学督导机制。实行学校和学院两级教学督导制度，不断改进教学督导方式，提高教学督导质量。建立人才培养动态考核评价机制。学校督查部门每学期对学院人才培养工作进行评价督导，定期通报督导结果，查找不足，及时纠正，督促任务落实。

第四节　高校创新创业教育人才培养的发展趋势

高等教育要重视培养大学生的创新能力、动手实践能力和创业精神，普遍提高大学生的人文素养和科学素养。为了加快建设创新型国家进程，发展高等工程教育，就需要培养大批能够引领我国工程科技发展的创新型工程科技人才。基于创新创业教育发展历程回顾和规律分析，对其未来的发展趋势做出如下总结。

第一，教育体系由封闭、统一、刚性转向开放、灵活、柔性。除了学校的教育体系的系列因素，社会环境同样对学生的创新品质及创业素质具有很大影响，因而封闭的教育形式必将被淘汰，现代教育体系必将与社会、企业等进行更多的信息交流和沟通，为创新创业教育的人才培养目标制定、教育内容与课程体系安排、教学方法设计和人才评价制度制定等提供指导性的帮助。开放型的教育体制有利于加强学校师生与社会的联系和教育系统各个部分、环节间的顺畅沟通，形成学习型的社会和高校。同时，统一呆板、过于刚性的教育体系，必然会与学生的意愿、兴趣相背，不符合个性化教育理论中因材施教的基本规律和原则，会抑制学生的个性化发展，不利于其创新意识和创业能力的培养和发挥，阻碍其创新创业行为的开展。[①] 因此，在未来的创新创业教育体系设计中，必须要对计划经济体制下形成的封闭、统一、刚性的制度进行深化改革，建立开放、灵活、柔性的，与创新创业教育基本规律相一致的制度体系。

第二，教育制度由集权型转向分权型。根据个性化教育理论，创新创业教育需要针对各高校的实际情况和学生个体的自身特点及条件来因材施教，以便为社会培养出个性鲜明、创造性丰富、具有创新能力的人才，从而满足现代化建设的人才需求。国内外创新创业教育的演化历程表明：高校、各机构、教师及学生拥有充分的自主权是成功实施创新创业教育的基础。中央集权型的教育制度并不利于创新创业教育的实施，过于集权的体制限制了教育的因地制宜和因材施教，因而，在加强中央宏观调控的同时，逐步将教育管理和办学自主权下放至地方和学校，以扩大其教育职责和权限，充分调动其办学积极性和创新创业教育的激情。增强学校适应社会经济发展的活力将成为创新创业教育体制改革的一大方向。

第三，管理方式由集中控制、消极服从型转向宏观调控、主动适应型。在传统集权型教育制度下，高等教育主管部门用集中控制的管理方式将高等院校的教育形式、课程安排和学生管理等均纳入其自己制定的各种教育规则范围内，而高等学校则表现为消极地遵守各项规章制度，这种集中控制和消极服从型的管理方式同样存在于高等学校内的管理部门与各个基层部门、教师和学生之间，极大地压抑了高等院校、教师和学生在工作学习中的主动性、积极性、创新精神和创业意识。因而，在教育主管部门将权力下放，由集中控制管理形式转向宏观调控的同时，创新创业教育还需要校内各管理部门将事无巨细的过程管理转向目标控制，教师也将赋予学生较大的自主权。

① 潘斌 . 高校创新创业人才培养模式研究 [M]. 西安：世界图书出版西安有限公司，2018.

第四，师生关系由权威性转向平等民主型。在传统的教育观念里，师生之间是命令与服从、教授与接受的关系，学生须将教师当作权威来服从，这与创新创业教育的主体教育理论基础相违背。只有在独立、平等、民主的关系中，双方互相负责、尊重、质疑、沟通并交换意见，使学生不断地主动发现问题并解决问题，才能有利于学生的创新意识和创造力的培育，得以自由成长。这种平等民主的关系包括师生之间和学生之间，即要给予所有学生平等参与的机会，加强每个人的主体意识，在尊重对方的选择和意见的同时，对自己的意识和行为负责。

第五，教育过程、途径、方式和评价转变。目前大部分高校依旧沿用传统的灌输式教育过程和方法，由学校设计课堂教学课程，教师以课本知识的传授为主，而学生以课本知识的记忆为主，学习过程主要靠纪律、惩罚来维持。创新创业教育必然需要突破这种传统教育方式，转向启发式教学才能实现其创新和创业效果。首先是教育管理形式由封闭、强制和集中转向开放、参与和自主；其次是教学过程由学生对知识的被动接收、储存和积累转向信息的主动获取、灵活选择、提取和加工，由教师给学生现成唯一的标准答案转向启发学生举一反三，主动提问，鼓励学生不断质疑并思考，从多方向提出设想方案，并从中进行选择和决策，促使其自主式学习，不断创新；再次是教育途径由注重课堂转向课堂内外并重，将课堂教学与课外实践活动相结合是由单一的教学转向教学与研究相结合，重视学生兴趣和个性的培养；最后是教育评价也由注重选择转向注重培养。

此外，随着教育改革的深入和创新创业教育的发展，在教育体系、制度、管理方式、师生关系及教育方式、过程、评价等方面都将发生深刻的转变。同时，创新创业教育将逐渐分类化，由单一课程体系细分为新技术创新与创业、家族创业、妇女创业、大型机构创新和创业等分支，从而取得更长足的发展。

总体而言，我国研究型大学毕业生创新创业情况还不是很理想，突出表现在创新创业的呼声高、意愿强，但是创新创业活动的参与度低、成功率低、项目技术含量低、创业促就业实效低等。目前我国大学生创业比例与国外相比差距较大，我国大学生创新创业教育尚处在起步探索阶段。

第二章　高校创新创业教育团队与资源

第一节　高校创新创业教育团队建设

一、高校创新创业教育团队管理建设

高校创新创业教育团队管理建设主要有以下措施。

第一，提高高校创新创业教育教学团队意识。可以从培训和宣传两方面改进。首先，在其培训方面主要是针对高校创新创业教育教学团队内部的教师进行团队意识的培养，从而为其在教育过程中提升创新创业教育质量做出贡献。例如，定期地组织校内从事创新创业教育的职工进行团队意识的培训，开展素质拓展活动或者组织团队型的比赛，从而在比赛过程中提高团队意识。其次，在宣传上主要是利用学校环境和教职工的工作环境进行创新创业教育团队意识的宣传。例如，利用校内职工网站进行团队意识宣传，潜移默化地改进高校创新创业教育的团队意识。

第二，加强高校创新创业教育教学团队专业建设。首先，在其团队教师的专业水平上进行提升。学校可以通过招揽新的师资力量，在招聘过程中筛选出具有专业创新创业教育能力的教师，从而改进当前高校创新创业教学团队专业水平较低的现象，真正地提升教学团队的能力。其次，在其专业素质上高校可以通过增加教师职业教育素质培养的课程，推荐该教学团队教师参加各种创新创业类师资培训班，对创新创业教育教学团队进行专业素质的提升，从而为高校创新创业教育教学团队的建立提供优质的师资力量。

第三，在创新创业教育过程中专兼职教师相结合，组建"双师型"教学团队。"校企合作、工学结合"逐渐成为高校典型的人才培养模式。一定数量行业企业一线的专业技术人员和能工巧匠作为学校兼职教师，与校内专任教师一起完成学生的教学工作。建立专兼结合的教师队伍建设制度。由校内专任教师与校外兼职教师组建起来的教学团队我们称为"双师型"教学团队。高校的专任教师，对理论课程能够较好地把握。在专业教学过程中，融入创新创业教育理念，可以培养学生创新创业意识。创业是一种实践性很强的活动，有创业和企业管理经历的教师，是创新创业教育师资较好的人选。行业企业兼职教师在授课过程中，利用自己的创业经历和实践能力，可以引发学生们学习创新创业的兴趣，提升学

生的创业能力。整合社会优质教育资源，拓宽学生的视野，培养学生的创新精神，提高学生的动手能力，提高人才培养质量。按照学生职业能力和职业素养形成的基本规律去培养学生，有效地将实践与理论相结合，提升高职学生的综合能力。

第四，完善高校创新创业教育教学团队管理体系。可以从管理制度和监督管理两方面对其进行完善。首先，在其管理制度的建立上高校必须建立针对性的管理体制，对高校创新创业教育团队的建设和管理进行具体流程和工作目标的确定，使团队在建设过程中有制可循。其次，在其监督管理上高校可以在校内现有教育评价系统中针对创新创业教育教学团队建立监督系统。对团队内教师进行日常团队意识、教育水平、专业素质等方面的综合型监督，从而加强对高校创新创业教育教学团队的管理能力，发挥团队在教学中的作用。

第五，建立健全高校创新创业教育管理机制。高校应建立创新创业激励机制，制定相关意见和管理办法，成立创新创业教育专门教研室，负责学院创新创业教育工作。大力支持高职学生创业。鼓励学生参加各类创新创业大赛，对有一定科技含量的项目或在大赛中获奖项目重点加以扶持。对大赛项目的指导教师给予一定的奖励，对创新创业教育教学团队加强培训。把教师带领学生创新创业折算成工作量等办法，遴选创新创业教育专职教师到行业企业挂职锻炼，提高教师创新创业教育的能力。

二、高校创新创业教育师资团队建设

第一，拓宽原有的师资选择范畴，使其尽量多元化。根据创新创业教育目标、内涵，在学校原有创新创业师资基础上，通过校友会或其他渠道，聘请各类创新创业相关人员，包括成功创业者、企业管理专家、风险投资管理人员等作为学校的兼职教师，建立起专兼职结合的创新创业教育师资团队，实现校内校外资源的整合。如兼职教师的聘任条件、程序、薪酬奖励及教学内容等都需要有严格的规范。

第二，加强原有教师的技能培训，树立起教师创新创业的教育理念。要让教师意识到原有的以书本为纲的教育思想已不再适合当下知识性教育向创新创业性教育转变的需求。作为支撑，学校也要积极给予创新创业课程组教师学习与深造的机会，鼓励教师深入企业与社会，切身体验各类创业实践活动，提升自身创新创业实践操作能力。同时，借助科研团队的力量，鼓励导师带领学生参与各类创新创业竞赛，鼓励学生多动手、多思考，促进科研与教学互动、与创新创业教育相结合。本次创新创业教育师资选择尝试上，有52%的学生希望创新创业课程一部分应由本专业教师进行相关科研技术方面的指导与授课，获奖团队也分享了在本学院科研团队带领下进行"互联网+"大学生创新创业大赛并阐述获奖的经历。

第三，加强与其他国内外院校的合作与交流。国外高等院校创新创业教育比国内起步早，各个院校已形成自身的特色，自成一套系统。我国高校可以通过国际访问、科研合作、讲学等方式与国外高等院校进行创新创业教育经验的交流，学习其值得借鉴的经验，提升自身的专业水平，同时，也提高了创新创业教育资源的利用率。目前，我国创新创业教育正处于快速发展阶段，各大高校的创新创业教育已取得些许成果。对此，高校也应该相互学习、借鉴。高校可以利用创新实践基地专门成立创业俱乐部，邀请杰出企业家和优秀校友加入，定期举行见面会、研讨会等活动，分享创业创新等成功经验，以求不断完善已有的创新创业平台。

总而言之，高校创新创业教育是一个内容丰富、涉及面广、操作性强的系统工程。因此，高校要以社会发展为己任，从师资选择范畴、技能培训、合作与交流等方面进行努力，培养一支优秀的创新创业师资团队。

第二节　高校创新创业教育资源整合与利用

一、高校创新创业教育资源的整合

为了更好地促进大学生创新创业教育，需要整合创新创业教育资源，学校可以举办创新创业大赛、创建创新创业孵化园区，形成资源之间的流动和共享、项目之间的连接以及市场之间的对接，为大学生创新创业教育资源的整合提供更为丰富的途径，具体如下。

第一，发展学校自身的资源优势，联合校外的资源。学校有丰富的创业资源，企业也能够为创业提供其他方面的支持。学校可以利用共青团作为连接政府和企业的桥梁，将校内外的资源进行整合，努力获取社会上的资源支持，打造校内的创业平台，如创客空间、创业大赛，通过这些项目和社会、政府之间建立良好的互动和沟通平台。

第二，发展在校大学生自身的优势，积累创新创业教育资源。如果大学生在创业过程中能够开发出企业发展所需要的核心资源，那么对于创业而言是非常有利的。因此我们需要发现大学生自身的优点，帮助他们积累企业发展所需要的知识和技术，便于今后更好地创新创业。

第三，打破自身资源的限制，从其他途径获得创业资源。大学生是当今时代创业的主体人群，如何帮助大学生解决资源的获得、资源的整合问题是创业教育需要解决的问题。大学生创业除了需要创业政策、创业场地、创业资金的支持，还需要寻找创业层面上的合作关系，如咨询相关创业专家、寻求创业意见、进行风险投资管理等，只有这样才能保证创业项目的长久发展。从其他的途径获取创业资源有助于联结外部资源，企业的发展过程就是社会资源不断聚集的过程。企业在社会市场中竞争力的高低主要取决于企业资源的配置是否均衡、合理、高效，企业对资源的使用应该是补充性的、增加性的而不是占有性的。通过资源的补充和增加，优化资源的配置，降低企业发展过程中的风险。

第四，培养学生利用创业资源的能力。企业获取资源的能力是在资源的分配、获取、使用过程中逐渐形成的，包括对技术的研发、对生产的管理和对产品的营销和管理。在学校的创业教育过程中，应该注重培养学生的创业品德、创业素质，提高学生自主创业的能力，培养他们不断拼搏、刻苦奋斗的能力，形成适应社会、企业发展的价值思维和企业管理能力。创业不仅仅需要知识能力和技术能力，还需要合作能力、谈判能力以及对社会人力资源和其他资源的开发能力。

对企业而言，资源是企业不断成长的基础，每个企业都有自己发展的优势资源。对于大学生而言应该明确，创业并不是单纯从外获取资源，而是以自身独特的资源为基础，结合外部的资源加以优化配置，进而保障企业的长远发展。当今环境下，学校的创业教育应该帮助学生正确分析创业优势和创业所面临的挑战，帮助学生培养资源的获取能力、整合能力和使用能力，培养对资源的整体掌控能力。

二、高校创新创业教育资源的利用

相比于普通的创业者，高校学生创业比较明显的特点是他们没有资金、缺乏经验，技术方面可能不成熟，也正是因为这些原因，大学生需要从外界获取资金。因此，在创业过程中，高校学生可从以下方面来整合资源。

（1）整合高校资源。高校是为社会发展培养人才的地方，高校在培养大学生创业者方面有非常重要的作用，高校承担着创业者技能培养、思想引导的作用。高校会为创业者提供各种各样的创业平台，举办各种创业大赛，为创业者创造与企业、社会交流的机会，创业者要充分利用这些资源增强自身的创业能力。

（2）整合企业资源。当企业发展到较大的规模或者达到了更高的层次后，会吸引更多的学生，也会吸引更多的学校前来开展校企合作，这会促进高校学生的创新创业教育，从而形成一个良好的、可循环的生态圈，积极促进人才的发展、社会的发展以及经济的发展。

（3）整合社会中的其他资源。除了高校和企业，社会上的投资机构、行业协会以及家庭都有一定的资源储备，近年来，社会上的创新创业氛围较浓，社会中的很多资源被吸纳到大学生创业发展中，大学生应该充分运用这些资源。

第三节　"校友 +"下创新创业教育链构建

一、整合"校友 +"创新创业的资源

第一，建立创新创业资源平台，如创建创新创业 APP 或微信公众号等，让社会各界（尤

其是校友）随时随地了解本校的各种资讯，同时也方便每位校友及时更新自己的信息，使高校能高效地收集校友的各种信息，建立校友信息平台，让校友在校友资源平台上进行充分交流和沟通，以增进校友间的友谊，加强商务合作。校企合作方、校友是高校的宝贵资源，优秀校友更是母校的骄傲，值得母校宣传。

第二，宣传优秀的创新创业作品和优秀校友，树立先进典型，为在校生树立学习榜样，促进校友间的良性竞争，实现共同发展，鞭策在校生不断进步。

二、构建"校友+"创新创业的论坛

高校每隔一段时间召开一次创新创业论坛，邀请优秀校友回母校参会。如图 2-1 所示，构建"校友+"创新创业的论坛包括三点。

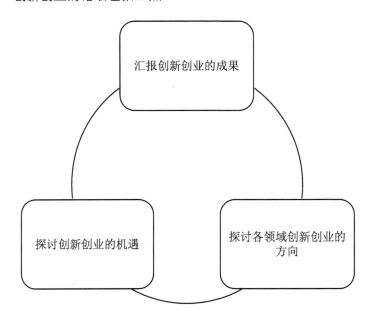

图 2-1　构建"校友+"创新创业的论坛

第一，汇报创新创业的成果。在论坛上向社会各界的校友汇报母校的创新创业成果，展示近年来所取得的成就，如创新创业大赛的获奖情况、创新创业产品展示等。

第二，探讨各领域创新创业的方向。邀请众多优秀校友为在校生分享各个领域创新创业的方向，如新材料领域应从哪些方面创新创业、农产品加工领域应从哪些方面创新创业等，这样能很好地引导在校生，激发他们的创新创业热情。

第三，探讨创新创业的机遇。邀请优秀校友中的企业家为在校生分享创新创业的机遇，探讨在创业中可能出现的各种问题、风险，并提出解决的对策，使在校生增长见识和积攒经验。

三、构建"校友+"创新创业的教育链对策

针对创新创业师资力量不足、创新创业理念欠缺的问题，高校可以邀请优秀校友参与创新创业教育，尤其希望优秀校友所在企业或其所创办的企业参与创新创业教育。

第一，优秀校友可以直接参与创新创业教学，把丰富的创新创业经验分享给在校生，把先进的创新创业理念传播给在校生，使得在校生少走弯路，创新创业之路更顺畅。

第二，优秀校友可以指导各类创新创业赛事。每年高校都会举办各类创新创业赛事，得到优秀校友的直接指导，把先进的创新创业理念注入各类赛事的作品中，能够助力学生取得更好的成绩。

"高校投入的资金和能提供的创客空间是有限的，可引导校友参与母校创新创业大计，与优秀校友合作整合校友资源，引导在校生进入优秀校友企业，企业为在校生提供创客空间。虽然每家企业能提供的创客空间是有限的，但优秀校友数量庞大，故提供的创客空间数量非常可观，这为在校生提供了更优质的创新创业教育机会。与优秀校友合作，共享创新创业成果。每届在校生都不乏能者，都会有很多创新创业的成果，优秀校友可以以提供资金和创客空间等方式与在校生团队合作，积极孵化，共享创新创业成果。"[①]

第四节　终身教育下创新创业学习资源库建设

一、终身教育下创新创业学习资源库建设的重要性

创新创业课程应当不断提升大学生的领导力、整合力、执行力与决策力，这些能力都将成为大学生创新创业的重要辅助。能力的形成需要经历漫长的过程，不同能力一旦形成，便会伴随学生终生，促进学生的终身发展。随着信息技术的普及，大学生越来越倾向于利用网络学习，高校也借助网络工具扩充创新创业学习资源库，为学生提供更多学习便利。新时代的创新创业学习资源库为学生提供着更丰富的学习资源，且不同资源实时更新，这与创新创业环境处于动态变化过程中的特征相符合。学习资源库可以打破传统创新创业教育在时空上的限制，使大学生能够利用破碎的时间参与学习，提升利用零散时间的效率。

高校创新创业学习资源库的建设应当基于统一规划的规则进行，高校内的软件和硬件设备都应根据现实教育需求配置。教师需在遵循创新创业教育规律的前提下为学生准备更多制作精良的基础材料，并提升现有资源的利用效率，打造具有共享性、多样性的学习资源库。

---

① 余烁."校友+"视角下高校创新创业教育链的构建研究[J].江西电力职业技术学院学报，2021，34（12）：127.

二、终身教育下创新创业学习资源库建设的路径

（一）优化创新创业学习资源库建设的思路

高校创新创业教育资源库应当包含当下最新的创新创业教育成果，将为大学生提供高质量教学资源视为根本目的。高校只有不断完善创新创业学习资源库，坚持以大学生现实需求为导向，完善系统与管理平台的功能，才能真正发挥服务功能，为学生提供更高品质的创新创业服务。

第一，高校学习资源库应当具备健全的库类别，教师作为教育主体，必须有权限维护现有学习资源平台。学习资源平台的搭建应当是多个资源库融合的结果，如创新创业相关的专业信息库、试题库、文献库等。教师在建设学习资源库的过程中扮演着辅助者的角色，借助个人专业知识过滤无效信息，提炼出最具代表性的创新创业知识供学生使用。此外，高校还要引进外部技术人员对现有的数据库进行维护，使数据库能够在不断扩充的前提下优化各项功能，为学习主体提供更便利的学习服务。

第二，高校可基于 WEB 集成实现各类信息的共享共建，这一模式能为师生间随时随地沟通提供便利。教师和学生都能向学习资源库输入优质资源，并成为制作、管理与发布信息的主体。WEB 还为教育主体和受教育者提供广阔的交流空间，二者通过 WEB 实现即时交流，学习主体的问题能得到及时解决。学习资源库不仅提供优质信息，还创造新的创新创业教育信息，这体现了学习资源库自我更新、自我实现的功能。

（二）丰富创新创业学习资源库建设的内容

创新创业资源库建设应当遵循正确的教学规律，并从宏观角度切入进行整体实施和规划。学习资源库中应当包含基本的创新创业课程，这些课程必须与学科发展前沿相联系，能够体现创新创业领域发展的最新趋势。资源库中还应当包含准确的案例，典型的参考资料和试题供学习主体参考。区域内名师的授课视频也应当被包含在资源库中，但需学习主体应当有一定自由发挥的空间，自学平台需突破传统教学思维的限制，为大学生创造新的学习氛围和路径。

在学习资源库建设中，课程库与课件库的建设显得尤为重要。课程库是创新创业的前提和基础，而利用网络教育平台能够实现课程库的有效管理，从而提升创新创业教育的现实效果。创新创业学习资源库中的教学课程库包含四个方面的资源：①教师资源包含教师对创新创业课程教育内容的理解与剖析、社会时事热点的追踪及创新创业教育政策的解读；②学生资源库包括试题和习题的汇总以及各类创新创业知识的展示；③企业资源库包含上市公司财报的解读、研报的分析及各类典型企业案例的剖析；④网络资源库包含与创新创业有关的网络资源，其中，各类官方网站的信息最为准确，在充实网络资源库方面发挥着重要作用。

　　课件库建设的过程则更加复杂，这是因为在终身教育理念下，教师应当向学生传递富有逻辑的创新创业思想，而非单纯的专业技能。创新创业思想将使学生终身受益，这与终身教育的理念相符合。在这一背景下，教师制作的课件不应当只呈现当下的创新创业形式，而更应具有前瞻性。学习资源库中的课件应当开放共享，优质教育资源在校际流动，学习资源库的利用效率提升，创新创业教育的质量也在无形中有所提升。

　　综上所述，构建创新创业学习资源库是高校基于终身教育理念改革传统教育体系的重要尝试，对提升创新创业教育质量起到不可忽视的作用。随着教育主体教学观念的改变，许多高校开始关注实践资源与理论资源在学习资源库中的占比，通过适当提升实践资源占比，体现新时代创新创业教育的发展趋势。随着创新创业教育学习资源库的完善，大学生差异化的学习需求得到满足，创新创业活动才能落到实处，为经济社会的发展服务。

第三章　高校创新创业教育的机制运行

第一节　高校创新创业教育的内在契合机制

一、高校创新创业教育的内在契合条件

"创新教育是创业教育的基础，高校创业教育把培养学生对待陌生事物的应变能力和创新能力作为出发点，致力培养学生的创新意识和良好的思维结构，将学生培养成有创新思维和深度思考能力的人"①。在培养意识的同时，也要给学生们传授知识技能。教育的意义在于教书育人，要向学生传授有实践性的知识技能，提早培养学生的就业意识和锻炼学生的创业心理素质。通过创业来提高学生的就业成功率，可以极大地转变学生的就业观，帮助社会维持稳定运行的状态。创新教育的侧重点是对人的总体发展进行把控，更加倾向于对思维的培养；而创业教育则更加侧重于对人的自我价值的实现。

创新教育和创业教育二者有着相同之处和不同之处，是两个辩证统一的教育理念。二者的目标有一定的趋同性，目的都是为了培养学生的创新精神和实践技能，总体而言是为了新时代的需要，为社会发展做出努力，是推动新时代发展和教育改革的关键内容。创新创业教育是一个统一完整的教育体系，为了促进创新教育和创业教育的联合统一，需要做出一些努力。

（一）明确定位创新创业教育学科

要明确定位创新创业教育学科，先要对其进行定位，有了准确的定位才能对其进行衡量。创新创业教育是大学教育的一项重要内容，在学科教育中占据着十分重要的地位。

另外，创新创业教育关键在于技术创新的教育。在自主创新热潮的推动下，我国许多高等院校已经开始重视新型高技术人才的培养和教育。在对大学生进行创业教育的同时，势必会联想到技术创新和高新技术的问题，但往往忽视了社会创新方面。因此，高校大学生在把握市场动向时，不仅需要掌握技术创新，还要及时更新理念，创新思想，顺应时代潮流。

---

① 曾绍玮，李应．高校创新创业教育探索与实践研究 [M]．成都：电子科技大学出版社，2021：69．

（二）认同创新创业教育

第一，深度认识创新创业教育的覆盖面。从目前的形势来看，已经有一部分学生在高校组织的创新创业教育活动中取得了一些收获，但仍有部分学生并未在这一活动中收获经验，这也就难以形成创新创业教育的热点。在高校组织的创业教育活动中，学生们的创业成绩是学校所关注的重点。

第二，加强创新创业教育的认识。大学生作为社会创新创业中的主力军，相比社会中的其他人员拥有更多专业知识，但在创业过程中往往会出现创新创业经验不足的情况，并且由于大学生刚刚步入社会，人际关系协调能力较弱，抗压能力也不强，容易在心理上受到严重的打击和伤害。所以，心理素质较差的学生在毕业之后最好不要选择自主创业，因其不容易面对失败。换言之，虽然不是心理素质较好的学生去创业就能够成功，但他们会比心理素质较差的学生的成功概率更大。

由此可见，高校对学生的创新创业教育更应该面向全体学生，而不应该发展为精英教育，只让小部分学生参与其中。

二、高校创新创业教育的内在契合路径

想要改善高校教育现阶段的困境，需要制定合适的路径和目标。首先要确定发展的目标，再寻找与之相适合的路径，其目的是提高学生的创新能力和综合素质。高校要想形成行之有效的创新创业教育路径，需要从学校、各级政府、大学生自身三方面着手，将这些因素完美地形成一股合力。只有这三方面有力结合，互相沟通、协调，形成合作力量，才能更好地完成目标。当然高校的创新创业教育不是让每个学生都去创业，而是因材施教，鼓励那些有创新创业精神的大学生敢于尝试、勇于尝试，积极投身于创业中。同时，培养大学生使他们具备创新精神对以后的人生道路也是有益处的，即使不去创业，而是去就业，具有这种素质的人也会在其工作岗位上很快崭露头角，成为主力。现在的大学生就是国家未来的接班人，是祖国未来的希望，是各个行业未来的领军人物，因此，培养具有创新创业意识的大学生对我国社会与经济的发展具有重要意义。

由此可见，高校和各级政府一定要制定全方位的战略目标，改变高校培养就业型人才的惯性，转而培养具有创新精神能自主创业的新型人才。教育是需要同时代结合的，高校管理层必须率先转变思路；高校教师也需要树立创新观念，转变固有的教学模式和改变内容；政府和社会要对创新创业教育进行支持，提供尽可能的保障，使学生意识到就业不是自己上大学的唯一目的，还要增强自身的创新意识和培养创业思想。

（一）积极转变教育教学理念

1. 以培养全面发展型创新创业人才为目标

高校的人才培养呈现典型的金字塔形状，其主要原因在于我国高校往往都热衷于培养高端人才，把大部分精力用在培养金字塔尖的人才上。但从社会就业的实际来看，一般企业所需人才往往以金字塔中底部的人才为主，所需岗位也都是一线工人居多，所以出现了就业岗位与实际培养的人才的不匹配。因此，大学生在创新创业的过程中，要及时调整自己的心态，提高自己的心理承受能力，努力进行各种创新创业的尝试。在创业活动中，大学生还可以积累一定的经验，丰富自己的见识，拓宽自己的人脉，从而提高创业成功的概率。

此外，一个优秀的具有创业精神的人才必须具备的条件，除了最基本的知识及技能外，还要有积极乐观、勇于向上的拼搏精神，自信的心态，顽强的意志，勇往直前的干劲，坚定的决心等。高校培养这种人才需要从三个方面着手：首先要以人为本，强调人的主观能动性，深挖每个学生的潜能；其次是培养学生的综合能力，把每个学生都培养成复合型的、全面发展的社会新人；最后以培养学生的开创能力为主导，培养学生的事业心、进取心，多鼓励那些有创新创业意识的学生，并对这种意识加以引导。

高校的培养目标要着眼于基层，以人才市场提供的大部分就业岗位为参考，多培养金字塔中底部的实用型人才，把这些人才打造成敬业爱岗、诚实守信、勇于创新、敢于开创并且专业理论知识学得好、外语流利、信息技术掌握熟练、在为人处世方面也具有相当经验的创新创业人才。新时期的大学就应该重视对学生基础知识的教育，拓宽口径，提高素质，善于创新，以培养能够自主创业、有个性有特色的人才为新的目标和方向，着力建设一批高质量高素质的新型高校。

2. 明确创新创业人才的知识与能力结构

创新创业人才具有独特的知识结构，如相关的专业性知识、综合性知识和经营管理知识，而这些知识是大学生将来参与工作或者从事创业活动所必须具备的。具备了这些知识，可以让经营者在企业的组织管理活动中更得心应手。综合性知识是其以后走上社会、发展社会关系、处理各种事情的需要，包括行政管理法规，国家制定的政策，工商管理、金融、税务、保险、人际关系及公共关系等方面的知识。创新创业知识是基础性的知识，而综合性知识和经营管理知识则属于较高层面的知识，必须将这些知识理解透彻，熟练运用，才能在创业过程中将资源合理配置，运筹帷幄。而多层面的知识，必须综合使用，才能发挥出知识指导的最大作用。

创新创业人才必须具备专业能力、职业能力、经营管理能力和综合能力。专业知识能够帮助一个人在某一特定行业中提升职业技能，并且这种专业技能在就业工作过程中的作用是关键的、不可替代的。为解决大学生就业难这一问题，可以从提升大学生的就业能力着手。较强的就业能力可以提升个人在创业活动中的自我存在和自我发展的能力，可以应对社会创业活动中存在的一些问题，与此同时还能为自己未来的发展提供一定的竞争筹码，赢得更多的创业和就业机会，从而缓解就业带来的巨大压力。大学生在创业的过程中，可以尽可能地将自己的职业发展方向与个人兴趣相结合，充分发挥自己的优势，这样才有更大的动力达到自己所设定的目标，从而最大限度地实现自己的价值。

（二）合理运用校内多元渠道

构建以创新创业为核心的课程体系，目的是培养更多具有创新意识，能够自己创业，能够独立参与工作，以及能够将社交、管理处理得游刃有余的专业型人才。为了达到使创新创业教育有更多发展机会的目的，就要从更多角度更加客观地去认识创新创业教育的意义，进而发挥其对社会的推动作用。对创新创业教育体系的构建必须符合社会需求，符合国家教育国情。

创新创业教育主要包括四个核心内容：第一，创业理论。在有充足的理论基础的前提下开展创业活动，能够提高成功的概率。要对整个创业活动进行研究和分析，通过学习把握创业过程中的规律。第二，创新意识。有创新意识才能创业，创新贯穿了整个创业过程的始终，也是创业的核心之处。第三，创业精神。在创业过程中，困难和挫折是不可避免的，这就要求创业者要有坚定的信念和精神。只有拥有强大的心理素质，才能成功创业。第四，创业技能。创业者在创业过程中要具备一定的实践能力。

以上四点构成了创新创业教育的基本框架，而且这四个要素相互联系、缺一不可。对于有创业想法的人而言，如果能够接受相应的创新创业教育，那对于整个社会创业局面的发展会有推动作用，可以避免一些不必要的失败，可以让创业者能够更加快速地踏上成功之路，也可以充分调动创业者的创业技巧。对于创新创业教育课程的改革，必须要遵循理论同实践相结合的原则，要注重将各学科充分融合运用。

大学生是发展最快的可塑之才，如果能够锻造创新思维，会有效提升整个国家青年的平均素质，主要从以下方面着手。

1. 进行产学研三方的合作教育

创新创业课程是一项社会实践课程，它的性质就决定了这项课程的发展需要一些外界的社会力量进行干预，并且要同社会上的优秀企业和事业单位进行合作，构建创新创业平台。实现创新创业教育，要集生产、学习、科研于一体，不仅简单地对学生进行知识的灌输，而且要给学生的实践提供机会和场所。高校将生产、学习、科研纳入课程范围内，是未来的教育走向，是社会对于创新教育的需求，是创新创业教育改革的一大关键要素。因此，要提高学生的创业能力，培养创新创业精神，为国家的创新发展提供不竭的支持和动力。

在进行实践活动的同时，高校应当多邀请创业成功的企业家，或是学生的学长前辈，到高校给学生们演讲，传授经验。也可聘请成功人士为校内教授，这样有助于学生和其进行更有效的沟通，使其能够更加及时和准确地为学生提供学习指导。可以将创业成功者所熟悉的领域作为创新点，交给学生进行开发，这样既可以调动学生的积极性，也可以提升企业的创新活力，学生也可以通过这种方法获取一定的利益。

2. 加强创新创业教育教学改革

创业教育的改革除了体现在内容方面，还有对形式的改革。创业教育同传统的就业教育不同，因此高校在借鉴学习国外高校的创新教育经验的同时，也要对学科进行教育创新。对创新创业教育的改革要进一步深化，要建立一个适合中国国情的创新创业教育。在开展教学实践的同时，不仅要设立行业和专业的课程，还要丰富创新创业教育的知识结构，拓展学生的知识面，让学生有自己的学习方法和知识框架，使学生可以根据自身的学习情况，选择自己所需要的知识和课程。除了课堂上的知识教育，还需要进行课外实践活动，通过具体的创业案例进行实践教学。可以定期举行就业创业大赛，通过比赛激发学生的创业热情，增进学生间的交流，为学校的教育注入色彩。同时可以增加学生同专家面对面交流的机会，如开展对话交流论坛、讲座等。

除此之外，学校还可以举办多种多样的创业实践活动。例如，把学校刊物的编辑工作交给学生来完成，让学生们发挥自己的创意；将校内的大型活动交给学生设计与组织；开设学生社团，让学生提早适应组织机构，由学生自己对社团进行管理；开展法律实践和金融实践的模拟，对科研进行探讨和交流等，让不同院系、不同专业的学生都参与到项目中，为学生未来进入社会创业积累更多的实践经验。高校要引导学生积极参与到策划中来，开发学生独立思考的能力和培养创新意识。

3. 搭建创新创业的实践平台

创新创业教育在某种程度上来看，是对全面发展型人才的进一步提高和促进，是对培养此类人才思路的进一步拓展和延伸。创新创业教育是一种要用于实践的教育，所以单单靠在课堂上对学生进行创业理论知识的传授和邀请成功企业家入校对学生进行演讲教育完全不够的，这些方法与手段并不能够完全激发学生的创业意识。从某种意义上来看，创新创业教育更重要的是让学生在实践当中有所体会、有所感悟，能够获得知识的体验，开始真正的行动。针对这一观点，学校在对学生进行创新创业教育的时候，应当尽可能多地给学生提供创业实践的支持，要充分发挥学校的知识和管理服务功能。要增强校企合作，给学生提供更多的实习与实践锻炼机会，可以同一些企业进行深度合作，同事业单位进行广泛合作，多多鼓励学生组建自己的创业团队，为学生创业提供一个更好的环境。同时，学校可以多组织创业竞赛活动，让更多的学生们有机会参与进来，从而增强学生参与就业创业的意识，进一步提高就业创业的发展速度，增强学生的创业能力。

（三）提升大学生自身的素质

创新创业能力的形成是相对漫长的过程，在这一过程中，需要不断地积累经验，再加上自身不断努力才能够有所提升。对于高校而言，各大高校应当重视并加强对学生创新创业能力的培养。

1. 培养自主学习的能力

自主学习是与传统的被动接受学习相对的现代化学习方式，即学生通过独立分析、探索、实践来实现学习目标。自主学习能力主要有以下特点。

（1）自主性。自主性指的是个体生命不是被强迫着去学习，而是知道学习的重要性，能够自觉且自愿地去学习。

（2）能动性。所谓能动性是指个体能够自主并富有创造性地开展学习，不仅是单纯地被输入知识，而是自身不断消化与吸收，将其转化成为潜在的能量。

（3）创造性。人之所以需要不断学习，就是为了能够学习新方法、新知识，顺应时代的发展，紧跟时代步伐，从而满足社会和个人发展的需要，进而立足于社会之中。在知识不断更新的时代，大学生必须拥有自主学习能力，在日常的学习与生活中，不断激发自身的创造力，真正做到热爱学习、热爱生活。通过不断学习，掌握不同方面的知识，不断提升自我、完善自我并培养自身的创新意识。

总体而言，具有自主学习能力并能够创造性地学习是对当代大学生提出的基本要求。不仅对于个人，对于组织也是一样。具有自主学习能力和创新能力的组织，必然会取得成功。之所以会取得成功，是因为组织也需要顺应时代的发展，因此学习不可停歇，并且还要求能够在短时间内高效学习，才能获取最新知识。优秀的组织必然是学习型的组织，只有这样，成员才能不断进步，进而充分调动大家的积极性。组织只有不断向前，才能够掌握新技术、新本领，才能够更好地推动成员的创新，最终取得成功。

2. 积极参加校内创业活动

对于大学生而言，他们的校园文化生活丰富多彩，留给自己支配的时间很多，因此大学生应当积极参加校内创业活动。校内创业不仅为校园文化增添了亮丽的色彩，并且还为大学生提供了良好的平台，为他们增加了宝贵的财富。在创业过程中最核心的是创业精神，与同学、老师共同努力，不断突破与取得成绩的过程必然会令人终生难忘，在创业过程中所形成的锲而不舍、不畏艰难、敢闯敢拼的创业精神更会让大学生终身受益。

积极参加校内创业活动，在锻炼自我的同时，还能实现人生的价值，获得自我认同感，培养自身的创新创业意识，这种培养创新能力的"第二课堂"，可以让大学生不断丰富与完善自我，不断获取快乐。除了基于"第一课堂"的理论学习，"第二课堂"为大学生提供了展示自我的平台，他们可以大胆提出想法并递交计划申请，出色的计划还可以用于参加创新创业比赛，可以为学校社团组织贡献自己的一份力量，体现自身的价值。

3. 培养社会创业实践活动

实践是检验真理的唯一标准，对于大学生创新创业也一样，创新创业能力的培养离不开创业实践活动。只有积极投身社会创业的实践活动，大学生才能更好地了解并认识社会，进而更好地适应社会；只有走出校园，不断锻炼自我，大学生才能通过创新实践来不断提升自身的创新创业能力。创业并不能只停留于创意，更重要的是实践。因此，作为当代理想青年，大学生应当肩负时代重任，学会合理规划时间，充分利用课外时间进行创业实践，既可以通过市场调研、创业分析、社会需求调查等方式展开，也可以去相关的创业部门工作，深入了解创新创业的流程，在体验生活的同时增长见识。

高校在培养学生创新创业能力时，应当鼓励并引导学生积极参加创业实践活动，让更多大学生接触创业，在实践的过程中不断进步与发展。只有学以致用，理论联系实际，才能够紧跟时代步伐，适应社会的发展。

第二节　高校创新创业教育的激励与调控机制

一、高校创新创业教育的激励动力机制

在我国，推动高校创新创业发展的作用力多依靠政府驱动，同时，在教学设置与校企联合办学中企业的内在需求方面，市场也起着较为重要的作用。因此，高校的创新创业工作在政府驱动的同时，也要参考市场的导向。

高校在创新创业教育体系中处于十分重要的位置，发挥着教学科研、人才培养的重要作用。不仅高校教师给学生传授科学知识，高校还要培养学生的修养与品质，帮助学生树立责任意识，全方位承担起德育的重要责任。同时，高校能够帮助学生培养发现问题、分析问题、解决问题的能力，提升学生在创新创业方面的综合素质。由此可见，对于高校而言，其创新创业教育的动力是内生与外生的结合。因此，高校创新创业教育激励动力机制是一种互动机理，它推动着高校创新创业教育良性运行与实施推广的协调发展，各内外要素间的相互联系与作用。

从宏观角度来看，全面育人理念是高校内生动力的来源，而高校的外生动力则来自政府，政府可以将丰富的经济资源通过整合，合理地分配到高校创新创业领域，帮助高校开展理论与实践的科研工作。从微观角度来看，以内生动力而言：高校教师参与创新创业领域的教育教学工作，一是其职业发展的必经道路，二是个人理想的追求体现；而高校学生参与创新创业教育一方面是对未来职业发展的合理规划，另一方面也是自身全面发展的要求之一。以外生动力而言，政府作为我国高等教育最重要的外部推动力，能够为高校提供极其丰富的资源，社会则能够从荣誉感与成就感方面起到积极的推动作用。内生与外生动力各自所起的作用不同，二者之间是互相支持、互相作用的紧密关系，它们共同决定着高校创新创业教育发展的价值与未来。

（一）高校创新创业教育的激励动力机制的作用

创新创业教育是高校在传授专业知识之外独立存在的一种功能，它的核心是培养学生全面自由的发展。目前，在高校的创新创业教育领域中，全面发展的教育理念已经得到广泛认同。高校通过对学生进行价值观、控制力、人际关系等方面的教育，提升学生的综合素质，为我国培养人才奠定了坚实基础，也从内生角度推动高校创新创业教育的实施和发展。

从微观角度来看，作为高校创新创业教育领域的两大主体，教师和学生参与创新创业教育的内生及外生动力，对高校创新创业教育激励动力体制的研究有着十分关键的作用。从教师的角度来看，他们是创新创业活动的知识传授者与实践引导者，他们自身对于创新创业教育工作的热情与兴趣，以及对教育目标的认同，都促进着创新创业教育及研究工作的发展。而高校对于教师工作的合理安排、对教师工作表现的激励等，都能够提高教师积极性。此外，和谐的文化氛围也会对高校教师的心理产生一定的影响，在一定程度上帮助创新创业教育工作健康开展。从学生的角度来看，他们是创新创业的受教育者，他们自身的爱好与兴趣，以及周围环境的积极影响能够提升他们对创新创业教育课程的认同感与激发学习热情。而高校则可以通过合理安排课程与学分等来实施激励举措，提高学生在创新创业活动中的参与度。教师与学生作为创新创业教育活动中的两个主体，二者之间具有相互支持的关系：一方面，学生的创新创业需求推动着教师的教学研究工作；另一方面，教师的科研工作对学生参与创新创业教育课程有所影响，两个主体之间和谐有序的关系，共同促进了高校创新创业教育的良性运行。

在高校创新创业教育中，激励机制的作用不容忽视，它激发了教师创新科研的积极性，也鼓励学生参与创新创业活动。对此，高校可以将创新创业教学的实践指导考核指标划入绩效考评之中，并与教师的职务晋升及职称评定相关联，同时，高校也应对教师所取得的具体成果进行奖励，更大地提升教师的工作热情。除了对教师的激励，高校还要注重对学生的激励，可通过改革学籍、学分管理制度，为学生创造更加自由自主的创业环境，使学生拥有较大的弹性时间与空间，从而合理安排学习与创新创业活动。同时，高校应为学生创造自主发展的机会，鼓励学生发挥主观能动性，参与创新创业教育竞赛，并对那些在创新创业竞赛中获奖的学生进行奖励。从考试的角度来看，高校要创新考核方式，以替代无法满足创新创业教育需求的传统笔试考核方式。传统考试方式能够考查学生的记忆辨析能力，但是无法考查学生的创新意识与综合能力。因此，高校必须建立新的考核机制，以素质为导向，以学生的创新创业参与度及贡献度为评定内容，以综合答辩方式为考核方法，并将创新创业项目的阶段性成果作为标准，充分考查学生在创新创业方面的综合素质，体现出创新创业项目的独特目标。

设置创新创业教育基金也是一项行之有效的举措。通过教育基金，可以完善激励机制，对表现突出的学生及时给予奖励，提升其积极性。同时，还可以尝试将学生参与的课题研究、科研项目实验及创新创业项目等成果转化为相应学分。在创新创业教育中，高校要与学生协同合作：一方面高校要进行统一领导，保证全员参与；另一方面要推进教育改革，成立工作小组，由校长亲自挂帅。高校应呼吁全校师生积极参与，号召师生以极大的热情投入创新创业项目中，并且加强各主体间的沟通交流，畅通信息通道。另外，在严峻的就业形势下，高校要响应国家号召，提高创新创业竞赛的频率，增大其规模，鼓励学生积极参与，并邀请知名企业家进入校园，分享成功的创业经验。高校要坚决保持与国家政策导向的一致性，严格遵循人才需求目标，为社会培养出高质量的应用技术型人才。

激励动力机制中包括政策激励的协同，它注重政策的可操作性及政策间的关联作用。近年来，国家出台了许多关于高校创新创业教育的政策性文件，但是因为种种原因，包括可操作性不足及执行能力缺失等，相关政策最终没有得到较好的落实。由此可见，各方积极协调配合，共同在政策方面予以支持，才是高校创新创业发展的必要条件。各级政府相关部门应建立多部门间协同合作的机制，以现有政策为基础，进行总结优化，为创新创业教育提供政策上的保障。此外，高校也应出台相应的协同政策，从自身做起，通过加强创新创业师资队伍的建设，组织学生积极参与竞赛，鼓励师生协同创业等方法，整合校内外资源，为创新创业教育工作的开展提供有力的支持。创新创业政策对于高校毕业生的创业工作而言十分重要，它具有激励、引导、保障等重要功能。政策激励的协同从空间上看是不同主体之间的协同，从时间上看是政策先后的协同，时间与空间的协同共同作用，可以充分实现政策的功能。另外，政府在制定政策时，应充分考虑高校毕业生的特殊性，重视毕业生与其他社会群体间的差异，为毕业生提供有针对性的指导。

在激励机制的作用下，企业可利用技术、资金、渠道优势，并根据自身需要，参与到高校的创新创业活动项目中去。企业可参与高校的人才方案规划与制定，与高校达成合作意向，扩大就业机会。还可以在高校内为学生举办分享交流会，为毕业或即将毕业的大学生提供必要的宣传和引导。在企业自身条件允许的情况下，企业还可以为创业的学生提供实践机会，帮助学生积累更多的经验，为其创业发展打下坚实的基础，提供更多的支持。

（二）高校创新创业教育的激励动力机制的原则

从高校的创新创业教育发展方面来看，其动力是来自多方面的，既受师生、学校的影响，也会受到政府的一定影响，所以，在对激励动力机制进行建构时，一定要以一定的原则为基准，在保证能够进行管理及决策的各方目标统一、能够互相配合的前提下，努力发挥出高校创新创业教育的真实力量。从其内涵和要素特点来看，在建立高校创新创业激励动力机制时，主要应当遵循以下原则。

1. 维护各方动力的动态平衡原则

所谓的对各方动力进行动态平衡维护，主要包括两方面：一是保证各方相互适应，相互配合，共同推动创新创业教育，且程度上也要尽量保持一致；二是目标和发展方向要保持一致。之所以要重点关注这两方面，是因为在高校推动创新创业教育时，不同主体的推进动力不同，从寻求最优的角度而言，并不是动力越强效果就越好。

从宏观而言，如果高校对创新创业教育推进的动力比政府要小，高校创新创业在社会经济发展方面所发挥的作用就会受到关注，这样高校就会对原来的教育计划进行调整，这对于教育发展自身而言是不利的，而且对于其他教学课程的进展也会产生一定的影响。如果高校的动力比政府方面更大，高校创新创业在经济方面能够发挥的作用可能就会被大家低估，政府和社会也就可能不会在意高校的创新创业教育发展，这样会导致一些资源的配置跟不上课程的需要。

从微观来看，之所以会有动力失衡的情况出现，就是因为师生内外动力的发展不匹配，在实施创新创业教育时就会产生阻碍，不能顺利推进。如果各方对于最终的发展方向和目标的追求不同，哪怕动力强弱是彼此合适的也没用，在进行创新创业教育时仍旧不会顺利。综合看待这个问题会发现，在进行创新创业教学时，高校对于理论性的教学内容会投入更多，而政府和社会机构则更加关注其实践情况，这就导致双方的目标和方向不同，进而造成实际资源配置的不合理、不平衡，导致最终达不到原本预期的高素质人才培养目标。

如果高校能够更加重视如何提升教学质量和水平的话，教师们就会想方设法提高自己的实际理论教学科研水平。这种情况下，学校就会制定一定的考核评价准则。如果在理论规划方面，教师和学校的目标不一致，那么创新创业教育相关理论研究的水平和教育质量水平将不能保证，效果可能会大打折扣。与之类似，如果在创新创业教育方面，高校更关注如何激发理念认同，就会导致学生在提升自己的综合素质和创新创业能力方面花费更多精力，而如此就会让学生觉得，此前学校在教育方面进行的一些课程规划和训练规划并不能与自己的实际需求相匹配，进一步导致教学资源配置失衡，影响创新创业教育的最终效果。

总而言之，要想保证在创新创业教育的过程中，各方的动力能够保持动态平衡，就要走科学发展道路，按照高校创新创业教育的发展规律进行相关设置。不管是从微观出发还是从宏观来看，即使在出发点、关注重点等方面各有不同，高校、师生和政府也应该互相适应、配合，最终形成一种良性协调关系。在推动创新创业教育的发展方面，只要能够确保各方的力量和方向目标始终朝向一致，就能最终达到理想的动态平衡。要想让高校的创新创业教育顺利运行，各方的努力和配合都很重要，要积极协调各方进行动力培育转化，因为精心地培育和转化对于各方动力的发展十分重要。

站在宏观的角度，虽然可以使用很多方法对学生进行全面的发展培训，但如果希望将政府的转型升级当作导向动力，并将其与高校的创新创业教育发展充分结合，那么政策引导以及对资源的合理配置就十分重要。从微观角度出发，能够提升学生综合素质和开发学生能力的方法多种多样，如果希望把高校对创新创业教育推进的动力最终转化成学生自己的动力，就需要一个合适的且同时具有显性和隐性的载体，通过这种特定载体的开发培育最终达到动力转化的目的。

从创新创业教育的实际情况出发，关于隐性的载体，既包括在积极参与学校内组织的创新创业文化活动时，鼓励、支持学生，也包括大众方面对于创新创业活动的尊重和认同；而显性的动力载体则更加多样，如高校制定的奖惩相关规定、政府推出的一些鼓励政策，还有社会机构针对此项内容提供的一些物质及经费支持等都是显性动力载体。只有做到让各方的动力和不同层面的主体，在创新创业教育的过程中，都能积极主动参与到实际工作中，同时要合理地引导来自不同层次主体的动力，并加以推动和进一步强化，才能促进推动高校创新创业教育的实施，并使其达到理想状态。

2. 防止各方动力的异化发展原则

一旦在高校创新创业教育的推动中，方向出现偏差或者力度把控不够稳定，或者说对动力的调控不够准确，就很容易发生异化现象。教育变得应试化、工具化就是动力异化的主要表现。在创新创业教育的推进过程中，政府和社会机构会忽略掉教育本身的价值规律，而对其短期成果过分关注，认为这是进行社会转型升级、提供创业机会的工具，这种现象就是典型的教育工具化。因为这种错误的引导，有的高校在进行教育培养时就会忽略关于创新理念方面的教育推进，而只关注学生在理论方面的学习成绩，这也与全面自由的育人观念相违背。

与工具化不同，通过考试这种十分传统的考核方式，对学生进行创新创业活动的结果进行有限评估，是应试化的典型表现，这样做并不能对学生的综合素质和创业认知进行清晰且正确的评估，在一定程度上，还会打击学生的热情和积极性。所以，在坚持创新创业教育目标的同时，高校一定要把全面育人的理念贯穿始终，构建起具有特色的课程理论教学方式和科研方式，同时与各方的建议进行有效结合，及时沟通交流，对创新创业教育的本质特点和发展规律进行深刻的认识和总结，以便制定更加合适的培养方案。

（三）高校创新创业教育的激励动力机制的方法

要想高校的创新创业教育协同机制能够顺利运行，达到理想效果，作为决策的主体方，应该对管理方式和方向进行科学合理的规划，对自身及其他主体方的工作任务进行明确，通过这些内容，可以保证所有参与其中的主体方在思想意识和发展的目标方向上保持高度的统一，通力合作，以整体的利益最大化为自己的出发点，进而发挥出己方的最大能力。在高校的创新创业教育协同机制中，起主导作用的应当是政府，要想对目前高校的创新创业教育激励动力机制进行完善，可从以下方面着手。

第一，可以制定一些保障高校创新创业协同运行的规定。在政策资源的掌握以及计划的制订方面，政府相关部门起着主导作用，因此，可以对将要参与创新创业教育的企业和高校进行积极的引导，可以制定推出多维度、多方位协同的针对创新创业教育模式的相关激励制度。而在整个多维协同的创新创业教育机制的实际运转过程中，需要注意高校才是进行路径创新的主体，因此通过创新制度，能够对创新路径起到一定的推动促进作用。

作为能对资源进行调配的一方，政府相关部门可以制定出更多的激励政策，为学生创业提供一定的资金保障，减少他们的创业风险，以此推动学生进行创新创业。例如，可以推动制定多维协同的育人制度，加快人才培养体系的建立建设，也可以通过对创新创业课程进行设计规划，充分调动起各方的积极性，让各方主体都能主动参与到创新创业当中。此外，对于如何协调处理好政府、企业、高校三方的关系，政府也要重视起来，可以通过进行资源配置和管理，积极对三方关系进行协调，从而保证创新创业教育的合作能够顺利进行，达到预期目标。

第二，要建立健全创新创业的相关政策和法律法规，鼓励更多的高校毕业生加入自主创业的队伍。高校可以举办一些创业竞赛，在政府的帮助下，为一些好的、优秀的创业项目提供一定的支持，如资金、平台等，也可以为更多想创业的学生提供一个交流的机会，这样可以让学生的创业环境更加完善。也可以针对创新创业项目设立专项基金。

要想让创新创业教育更好的运行下去，外部环境的支持至关重要，所以，需要对创业的环境进行改善优化，成立创业专项基金，借助自身在技术、财力等方面具备的资源优势，帮助高校更好地进行创业人才的培养，为学生拓宽创业的渠道，对一些高校毕业生成立的创新创业企业进行扶持，以促进其健康发展。站在国家的层面，我们要重点扶持、支持学生开展的一些创业项目，设立创新创业专项基金，学生可以通过申请获得启动资金，以此对学生的创业活动进行支持，此外，也可以针对学生的创业培训设立一定的专项资金，对其进行补贴。

在关于创新创业项目的知识产权方面，要加大保护力度，为创业学生的合法权益提供强有力的保障。因为学生群体对于如何进行无形资产的专业评估普遍缺乏了解，因此，在实际进行创新创业的时候，学生们很容易忽视对于自己创业成果的保护。正是因为这样，在创新创业项目的一些产权发生纠纷的时候，学生的正当权益很容易会受到损害，因此，对高校的创新创业法治环境进行优化，是当务之急。

从企业角度出发，可以安排一些企业导师，深入高校之中，对进行创业的学生进行指导，为他们提供一些意见，同时，企业导师也可以成为企业和高校的沟通桥梁，高校可以根据企业产业部门的实际人才需求，对教学科研的规划进行调整，这样在进行创新创业人才培养时就会更有针对性。高校应当积极主动地与企业开展合作，对校企协同的人才培养模式进行调整完善。

在创新创业教育的前期，主要是产学研的结合，在此基础上，进一步推进全面协同育人工作，将培养的目标方向定在为经济社会的发展服务上。与此同时，通过校企联合培养的这部分创新创业人才，能够对企业和高校的相关教学资源和环境进行充分的利用，将各方的优势融合在自身的发展中，为高校加强和社会及政府间的沟通提供便利，从而对产学研合作教育的主体动力机制进行激发。

企业之所以愿意和高校合作，原因有很多，其中市场需求以及通过产学研能够产生的合作收益，是促进校企合作的最直接的外部动力。因为产学研和创新创业的合作为企业带来了相应的收益，加强了企业与高校的合作意向，这就促使企业愿意向其中投入更多的人力、物力，以及为此提供更多的合作经费。在高校的创新创业教育协同机制中，企业的支撑作用也是必不可少的。在这里，企业不仅是技术的应用者，同时也在追求最大的利益，并推动了创新成果的转化。

借助创新创业教育，企业可以获得自己所需要的人才、技术甚至利益，这样会使企业原先的成本降低，收益成效得到提高。通过与高校配合，企业可以进行创新创业项目的开展，主次分明。与此同时，借助高校，企业可以对人才培养体系计划进行资助，在信息反馈方面将获得更高的收益回报。在这个过程中，企业将主要承担市场技术拓展、技术供给、科研成果转化等责任。

（四）高校创新创业教育的激励动力机制的对策

要想高校的创新创业教育协同机制能够顺利运行，达到理想效果，作为决策的主体方，应该对管理方式和方向进行科学合理的规划，对自身及其他主体方的工作任务进行明确。通过上述内容，可以保证所有参与其中的主体方在思想意识和发展的目标方向上保持高度的统一，通力合作，以整体的利益最大化为自己的出发点，进而发挥出己方的最大能力。与此同时，在工作流程和工作行为方面，也要制定好相应的规则，各方在开展工作时要严格以规章准则的要求为标准，高效率地完成自己的工作。同时，奖励机制的制定也是很重要的。在制定奖励相关机制时，要把协作参与和信息的透明共享行为当作主要的标准，这样才能在各方进行项目决策时进行更好的协调，加强彼此之间的交流、沟通和了解，同时也能培养出合作者之间的默契，保证机制能够按照公平、公开、公正的原则运行。除此之外，奖励机制对于增强各方的竞争协同意识也起着一定的促进作用，这也对高校的创新创业教育机制整体协同、工作效率的提高有良好的促进作用。

要想对高校的创新创业教育协同作用进行提升，最关键的一点就是要对利益分配制度进行完善。对利益分配和实施的机制进行完善，可以提升企业、行业单位在高校创新创业教育方面的参与度，激励它们更加积极地投入其中。第一，应当在高校中建立专项资金，专门对高校的教学设施及其他条件进行完善，以及作为对校企协同培养机制的支持；第二，要对参与协同培养的企业和导师进行一定的激励补偿，这样能够让企业和导师更加乐于参与进来，同时可以提高他们对高校创新创业教育协同培养的积极性和兴趣度；第三，要对指导教师的考评标准进行改革优化，新的校企合作教育指导教师考评机制，应当能够对教师的工作量和教学质量进行科学有效的评价，同时，也要改革晋升机制，使其更加高效，这样才能让指导教师更加重视对学生能力的培养；第四，进行利益分配时，要对各主体的责任进行明确，相应的责任追究机制也要建立起来，这样才能让高校和企业在创新创业教育的协同发展中更好地进行合作。只有企业、高校互相配合、共同努力，才能保证高校的创新创业教育激励动力机制一直高效运行。

因此，从高校的角度出发，要想完善创新创业教育激励动力机制，需要注意以下方面。

（1）健全创新创业教育课程体系，使课程更加体系化与系统化。对于培养高校学生的创业意识和创业素质方面，创新创业课程发挥了极其重要的作用，所以，高校要对创新创业教育的课程体系进行调整、丰富，让其更加系统化、成体系。只有提升改进教学的方式与环节，才能在培养学生的创业技能和创新意识时更加从容高效。从实际来看，创新创业教育是超越了专业教育界限的。针对这一问题，高校要及时调整过去的教学理念，对于基础性的教育要更加重视，要把学科专业的基础教育和创新创业方面的基础教育紧紧联系在一起，同时开展。高校还要注意确定教学进度和教学步骤，积极组织开展一些教学科研实践研究，借助创业导师，给创新创业的学生传授经验，增强他们创业的信心和决心。与此同时，在创新创业环境的营造方面，学校也需提高重视程度，好的环境能够更大限度地对学生的创业潜能进行激发，让他们产生创业的想法，并积极投入其中。

（2）按照国际规范，将创新创业教育纳入人才培养计划中。就创新创业人才的培养而言，这项工作是系统且复杂的，需要包括政府、企业以及中介机构等多方面进行协同配合才能有效推进。保证其能够合理高效的运行，不仅对于提升学生的创业知识、技能有显著作用，同时也能推动创新创业教育的深化发展，提高大学生创业的核心竞争力，推动创新型人才的培养，为我国推进人才建设和智库储备提供支持，进而推进建设和谐社会。

（3）构建科学合理的组织机构。高校进行创新创业教育离不开组织的保障，因此，科学合理的组织机构的建立就显得尤为重要。所谓科学合理的组织机构，就是要遵循一定的原则，即全面覆盖、统一指挥。在学校一级，应当建立起创新创业调控中心，对创新创业教育全过程进行统筹指挥，同时，还要负责对全校的创新创业教师队伍进行培训、合理分配、调度师资力量，保证各方主体进行合理、有效的沟通；在二级学院一级，应当建立创新创业办公室，该办公室应当承担起高校与师生之间的联络中转任务，在其下属机构，应当建立创新创业发展中心及实践部，对创业实践能力切实进行强化，对专业实验室以及训练中心的设施加强建设，通过开展多种形式的教学活动，对学生们的创业热情进行激发，帮助学生提升对自己的认识。

（4）培养高质量的创新创业师资队伍。要想让创新创业教育得到更好的推广，就要重视对师资队伍的建设。要想培养一支高质量的师资队伍，就要加强人才的引进和培训。在条件成熟的情况下，可以引进一些创新创业教育专业人才，或聘请校外的专家到学校开设一些相关教学课程，并对校内相关教师的创新能力进行培养，最终建设出一支既有专职教师也有兼职教师，二者相互结合、共同授课的高质量的创新创业教师队伍。而对创新创业的学生而言，先要做的就是改变原有的就业观，要从思想上先为创业做好准备。创业也是就业的一种形式，且是一种高质量的形式，能够体现出自己的价值。不仅如此，创业的过程是充满未知和不确定性的，这个过程也注定是艰辛的。学生不仅要有很好的人际交往能力，也要有管理决策能力，同时，还应当对自身进行科学且充分的认识和评价，只有这样，才能激发出自身的创业潜力。

二、高校创新创业教育的调控机制

在高校创新创业培训的运作过程中，由于多个主体的参与，各方在操作过程中可能会因自身利益、情感、知识的差异而产生行为冲突，从而阻碍创新创业培训的发展，产生一系列的问题和矛盾。要保证其正常运行，就必须实施合理的调控政策。高校创新创业调控机制可以理解为通过设定目标、公平定位、发挥作用来化解工作过程中的矛盾的一种机制。对目标进行及时调整和充分调查是高校创新创业培训监管机制的核心任务。而对行动状态合理评估，可以及时发现行动中的不一致，确保问题能够得到及时、迅速的解决。

（一）调控机制的评估方式

科学准确的评估高校创新创业培训运行中的问题，是创新创业培训调控的重要内容，而建立科学、公正的事后研究关系是建立监管机制的重要前提。建立调查的评价环节，重点应明确调查评价关系的主体、调查评价关系的对象和内容以及研究评价关系的方式方法这三个内容。

学校的部门多、教育实践活动多，所以要明确调查评估问题，明确责任，并从根本上介入、指导和管理学校领导机构的决策，从而为合理配置资源，促进创新创业培训的有效开展奠定良好的基础。为了提高矛盾解决的有效性，在管理机构和专家委员会两个决策机构中设立业务调查评估部门，这不仅可以提高反馈的有效性，同时也确保了评价组织的尊严，有助于实现两个决策机构的思想价值和观念取向融合。同时，为了确保反馈信息的客观性，还应在校外建立一个外部调查和评估组织，这是对评估工作的一个重要补充。

由此可见，一个完善的评价过程，需要对主体机构进行定期的综合评价，包括：政府能否充分发挥自身职能，来对各方利益进行协调，落实政策执行情况；公司能否为学生在创新创业领域提供成熟的实践基础；中介机构是否为学生建立完善的创业体系。对主体进行定期检查，可以及时纠正他们的工作方法，当事人也可以受到监督和获得提升。

1. 创新创业的协同评价机制

创新创业的协同评价机制有助于提高创新创业培训机制的效率，首先，在实践和科学知识评价方法论的框架内，建立创新创业评价机制，可以有效评价学校师生，务实地评估教育科研成果，逐步提高实践质量；其次，企业与高校共同推进创新创业评价机制，把创新教育与平时工作奖励关联，鼓励企业注重创新创业培训。

2. 创新创业教育质量的考核评估机制

评估创新创业的教育质量，可以先观察创新创业教育实施的水平和实施教育后得到的反馈。创新创业教育的评估能够推动教育价值的提升，同时还可以提高学生的创业素质和技能，使各方主体的协同关系机制得到保证。

企业会在新型考评机制的构建下，积极地参与到高校创新创业教育当中。而考评分为外部和内部考评，外部考评主要是上级政府衡量创新创业教育整体教育质量和水平的工具，舆论会对第三方机构进行监督，同时进行绩效评估；内部考评是以项目执行和资源调配等为基础的，以协同双方为主体进行的绩效评估，在评估前会建立创新创业教育体系在跨界协同关系下的管理制度，对双方的权责进行明确。协同育人的运行过程会在科学有效的评价体系下得到提高。

高校毕业生创业咨询机构数量、创业扶持制度政策和创新创业法律法规都是创新创业教育协同育人环境考核评价的内容。创新创业教育通过风险投资或教育基金来获取资金，课堂与实践的教学评估包括在协同育人教学水平评估之内。多元教学方法和核心课程规划是课堂教学评估的主要方式，但实践教学不仅仅局限于校内，还有校外实践，如实践活动、创新创业竞赛等。在考核评价时，应当设立更加全面有效的内容，评估的内容不应当局限于创新创业教育活动的结果，还有具体监测活动的过程，在评价考核中应当在绩效指标中设立定性与定量研究相结合的教学方式。

育人载体、参与主体、整体效果和投入状况是高校创新创业教育体系中的四个层面，这四个层面也可以作为对教育运行状况进行调查研究的分析数据。为了对创新创业教育中教师与学生的态度进行了解，可以进行一定的访谈交流；另外还要不定期地监测课堂教学形式与内容，及时发现教学的缺陷与不足；深刻分析教育中人力、物力、财力资源的配置；在创新创业培训落实之前，应当切实了解学生的受教育意愿、个人能力与综合素质，同时还要努力加强师资力量。总而言之，在高校创新创业调控机制中，这四个层面具有十分重要的作用，为了使调查评估环节更加完善，必须将评估体系建成四位一体的多元化体系，这既可以保证整个过程的具体信息得到有效的运用，并受到评估，同时还能够及时、高效地获取反馈信息。

在调查评估时，可以通过合理的访谈纲要对参与主体的课堂主观感受进行了解，在访谈时，采访参与主体的感受和意愿，采访后及时总结采访到的信息，这些评估对象在资源投入和育人载体的层面都是客观存在的，因此，这种客观性也被带入结果当中。调查的标准在调查前应当确立，并在评估体系中结合课程内容和经费投入状况，建立更加完善的创新创业教育评估体系。在评估整体成效的环节，为了获取有效的信息数据，可以分段进行主体的认知测量，在对整体的成效进行调查时可从宏观和微观两方面着手。

创业主体和教育的分离是高校创新创业教育中不断发生问题的重要原因，这些矛盾和问题若想被解决，就必须在创新创业教育的进程中对学生的立场进行充分考虑，避免单一的教师向学生的互动，而要支持师生的双向互动，使创业主体更加多元化。应当对各个主体的需求进行分析，建立创新创业教育的利益发展共同体，使多元主体协同发展得以实现。

为了使高校创新创业教育能够顺利进行，政府应当给予相应的制度和政策保障，使供给方面得到落实；高校应当不断升级学校的人才培养模式，在进行课程教学体系与方式的设定时，要充分考虑学生的个性；教师在进行创新创业教学时，应当与学生进行双向互动，互相学习，共同发展，充分发挥学生的主观能动性；学生要积极参与创新创业相关活动，树立正确的创新创业价值观，提高自身的综合素质；企业要积极参与创新创业活动，充分发挥自己创业教育共同体的职能，提高各个主体参与创新创业活动的积极性。

（二）调控机制的协调与完善

根据高校创新创业培训研究和评估课题的反馈情况，监管机构可以利用这些信息，通过制定政策来协调各方的工作规划，促进创新创业培训业务的优化和升级。监管机构的研究和评估涉及多个部门，跨部门合作的理念将被纳入其中，因此可以从组织和制度两个层面推进高校创新创业培训。

跨部门合作的第一个问题是各方利益的不平衡、目标的不一致，当两个部门的合作和沟通较少时，就会影响整个创新创业培训的效果。因此，必须结合我国高等学校的实际情况，建立一个权威的管理机构，提高跨部门合作的管理水平，以消除跨部门合作的障碍，加强不同部门之间的沟通，最终实现团结一致。高校管理者和相关职能部门的参与，不仅可以提高合作管理机构的权威性，也有助于减轻对教育资源的争夺和加强部门间的沟通，同时也要统一领导机构和部门的意见，推动工作的落实。

跨部门的工作会导致不同部门之间的合作效率较低，因此，为了消除工作职责模糊给合作带来的障碍，可采取两种方式：一是明确合作过程中各部门的职责和权限，通过协商性工作文件和会议等方式使分工制度化，明确工作主体责任；二是加强职责权限难以分开的部门之间的信息交流，拓宽信息反馈渠道，缓解工作中出现的矛盾。

科学合理的组织架构，可以促进高校创新创业培训监管机制的协调和完善，同时也可以在制度方面进行加强。高校创新创业培训的跨部门合作想要持续、规范，不仅需要规章制度的刚性约束，更需要文化交流的柔性保障。

从刚性要求的角度来看，只通过服务部门之间的口头约定和人际关系的主观因素，来协调和改善各部门之间的关系，是很难维持高校创新创业培训的稳定发展。只有制定合作部门认可的规章制度，用有力的手段加以规范，才会在产生矛盾时保证合作的可靠性和连续性。高校创新创业培训的跨部门正规化体系必须以强制力为保障。作为两个主要决策者，高校创新创业培训领导机构和专家委员会可以根据相关政策领域划分合作制度。由于决策主体缺乏专门性，不能形成一个连贯的体系，在制度标准上可能存在矛盾和冲突，因此有必要制定合作制度。鉴于此，对于制度的实施要建立监督机制，首先要对各部门以及教育机构有充分的了解；同时对于合作制度的建立，也要用强有力的手段来保证实施。

在跨部门这件事情上，从柔性的角度来看，共同的价值观和理论信念是文化交流的出发点和连接点，要制定包含共同利益的目标。同时良好的沟通平台以及合作制度，能够加强互相之间的沟通交流。有效的定期对话也是创造良好合作氛围的基础，可以使各部门之间形成默契，加强各部门之间的合作，形成长期有效的互信。部门间通过合作、交流与互助，为构建共同的文化生态、实现共同的价值目标做出贡献，提高各自的核心力量和凝聚力，从而推动高校创新创业培训的长期发展。

第三节　高校创新创业教育的管理决策机制

当前我国经济水平不断提高，教育事业也在创新发展，生源数量持续上涨，但是也面临着学生毕业后就业难这一问题。因此，"高校必须加强创新创业教育工作的有效深入发展，提高学生的思想认知与动手操作能力，才能进一步推动我国经济发展"[①]。

高校创新创业教育是教育类型中一种崭新的模式，它正处于不断的发展与完善中，所涉及的许多方面都还不成熟、完备，因此在其实施过程中，需要根据实际情况来做出相应的调整。高校创新创业教育在运行过程中，会比成熟的教育面临更多的挑战与机遇。为了保证其能始终实现高效育人的目标，并且在其运行过程中始终贯穿这一目标，有必要建立健全高校的创新创业管理决策机制，这一机制也是高校创新创业教育不断发展运行的关键性内容与核心因素。

一、高校创新创业教育管理决策机制的构成

高校创新创业教育管理决策机制是由两个主体部分构成的。第一个主体是高校创新创业教育工作领导机构，它大都由高校的行政管理层人员组成；第二个主体是创新创业教育专家委员会，它的成员大部分是创新创业教育研究者或是教育专家。如果想要高效、有力地执行管理决策机制，在其构建时就要重点关注高校创新创业教育管理决策机制中一些主体的定位以及决策权力的分配。

高校创新创业教育管理决策机制的两个主体是分工明确、各不相同而且相对独立的。其中，创新创业教育工作领导机构是对创新创业教育的整体把控，相当于首脑的作用，它负责整体规划，全面把控创新创业教育的创业物资、投资经费还有其发展与未来。领导机构的主要职责是对资源整合与分配、经费的投入占比、市场的预期与调研和创新创业教育

---

① 陈星伊.试论高校创新创业实践教育管理机制的优化[J].文化创新比较研究，2018，2（35）：118.

的整体发展规划进行决策。专家委员会是创新创业教育的具体事务管理者，专门负责教学内容、方法还有教学老师的培训等。总体而言，创新创业教育工作的领导机构重点关注的是未来发展与资源分配等属于宏观范畴的问题，而专家委员会的重点在于理论研究、活动开展、相关培训等微观范畴的问题。

高校创新创业教育工作领导机构和创新创业教育专家委员会，二者虽然相互独立，分工也各有侧重，但是二者间也有非常紧密的联系。领导机构整体调控，为专家委员会提供和确定发展方向，为其开展提供政策支持；而专家委员会可以根据教学培训的实际情况为领导机构提供策略建议。同时，领导机构可以通过对高校创新创业教育进行整体规划，来有效提高专家委员会的工作成效；而专家委员会则会通过调整研究方向、转变领导机构的管理思路，来提高高校创新创业教育的实现程度。因此，想要使高校创新创业教育工作更加合理、专业、高效，就需要高校创新创业教育工作领导机构与专家委员会协同配合。专家委员会要为工作领导机构提供科学的建议与理论支持，而专家委员会的发展方向也需要领导机构的正确决策和机制来保障。

高校创新创业教育决策过程包含两个方面：一是党委行政决策；二是学术教学决策。建立高校创新创业教育管理决策机制，需要明确两个方面所涉及的范围、程度、对象，明晰其在决策机制中的作用。首先，要保证领导机构能够掌握全局，在整体规划中做出正确的决策，确立未来发展方向；其次，要确保专家委员会在培训教学等事务中达到最佳的效果，并将结果反馈给领导机构。在决策过程中，两个主体需要合理分工，共同推进高校创新创业教育的发展。

二、高校创新创业教育管理决策机制的原则

要想更好地发展创新创业教育，科学高效地实施、推广高校创新创业教育，那么必须构建高校创新创业教育的管理决策机制。创新创业教育的实施与教育发展有着相似的目标，因此二者之间必然有着某种内在价值联系。高校创新创业教育的构建必须遵守教育的价值规律与原则。

高校创新创业教育的宏观目标是结合国家政治、经济、文化，联系实际情况与高校学生全面发展的需要，通过学校教育的层面帮助学生了解创业，培养学生的创业意识与创业能力，让学生获得正确的目标导向与价值观，这种教育可以更好地培养学生，更好地服务于教育事业的发展。

高校创新创业的目标是树立正确的创新创业价值观念，提高大学生的创业能力以及创业实践水平。因此，高校创新创业教育管理决策的价值内涵，应紧紧围绕宏观与微观相结合的理论体系，构建良好的创新创业教育机制。构建高校创新创业教育管理决策机制，应遵守以下原则。

（一）明确学生群体的发展思路

创新创业教育应适应各个领域、各个专业、各种背景的学生的需要。通过创新创业教育，应使他们认识到自己的能力是有价值的，能力的提升对社会而言更有价值。创新创业教育应面向广泛的学生群体，开展普遍性教育，使他们树立良好的创新创业意识，提升他们的创新创业能力。

（二）遵守面向社会的实际导向

我国正处于经济转型发展阶段，经济社会转型升级与发展的需求要求创新创业教育也要与之相适应，需要对其进行调整，这说明创新创业行业需要以更高的标准来适应社会的转型。高校创新创业教育管理在决策过程中要注意将理论与实际相结合，并将更多资源投入实践性的教学任务和科研环节中，使学生做到知行合一，并推动社会转型升级，顺应时代发展的要求。

（三）实现全面发展的育人目标

创新创业教育具有较强的综合性，因此可以从价值理念以及科学管理等层面培养和锻炼学生的综合能力。坚定人才全面发展理念，并将其作为高校创新创业教育管理决策的核心目标，才能实现全面发展的育人目标与高校创新创业的高效发展。

对于以上高校创新创业教育管理决策机制应当遵循的基本原则，我们应进行深刻的分析与理解，将其扩展提升为高校创新创业教育应遵循的基本原则。创新创业教育与以往的教育内容和模式不一样，是将创新创业理念融入创新创业教学和人才培养的全过程。高校开展创新创业教育也应当遵循以下四个原则。

第一，全面教育与个别教育相结合的原则。全面教育是对创新创业培训者整体的提升，它培养大学生的创新创业意识与创业能力，对创新创业培训者的综合素质进行拔高，完善其创新创业知识的漏洞，为创新创业学生打造一个完整的知识体系结构与培养性格品质。个别教育是对少数拥有创新创业潜能的大学生进行的单独的辅导与特殊的教育，从而培养出优秀的创新创业人才。

第二，全程性与分层性相结合的原则。创新创业教育要想可持续健康发展，必须具备开放性与延续性的特点，其也是终身教育体系的重要构成因素。全程性体现在大学创新创业教育阶段的开放性与延续性。高校需要将创新创业教育的目标与其专业教学体系相结合，更好地培养出素质全面的创新创业人才。高校的创新创业教育在不同的时期应当具有不同的侧重点。在刚进入大学的时期，以提高认知为主，先让学生们充分了解创新创业。所以这一时期应该重点培养创业者的创业意识，让他们掌握相关的基础知识。在学生们具有创新创业意识后，就应当有针对性地开展技能培训教学，并且在创业实践过程中不断提高学生的意志力，培养创业能力与提高综合素质。对于即将毕业的高校学生，应当重视教育延续性的特点，注重将创新创业与专业发展以及未来工作实践相结合，关注大学生个人成长的需求，实施针对性较强的有重点的创新创业人才培养。想要达到更好地发展创新创业教育这一目标，就需要将高校的创新创业教育落到实处，发挥其最大的作用。

第三，理论与实践相结合的原则。高校在开展创新创业人才培养计划时，要重点关注将理论与实际相结合。只有将理论与实际相结合，才能培养出现代社会所需要的创新创业高素质人才。因此高校在培养创新创业人才的过程中，不仅需要加强理论课程的教学工作，增强学生的创新创业意识，还需要根据创业者的自身特点指导学生开展实践，并且积极号召学生参加有关的创新创业活动，以提升他们的创新创业能力，做到理论与实际相结合。

第四，开放与协同相结合的原则。高校受到教育资源分配与资源有限等问题的影响，如果想要获取有利于培养创新创业教育人才的优质资源，就应该坚持开放办学，并与各部门创立共同创新的体制机制，还应该为了培养创新创业人才，专门建立创业协同机制，将各部门的职能步调统一，从而更加高效地促进创新创业教育的长久发展。

三、高校创新创业教育管理决策机制的运行

高校创新创业教育管理机制需要有规范的运行程序来确保工作的有序高效进行。而领导机构与专家委员会作为高校创新创业教育管理决策机制的两个重要主体，在其管理决策的运行过程中也起着主要决定作用。

在高校创新创业教育的管理决策运行过程中，领导机构应该是具有逻辑性与条理性的。首先，领导机构一般会根据教育培养目标，对现有的资源分配等问题进行分析，明确其完善与发展的途径；其次，领导机构会为其提供多种决策方案，经过分析比对，最终确定实施方案并且推动方案的实施。在确定决策方案的过程中，领导机构需要根据专家委员会反馈的具体运行结果对决策方案进行整体评估，确定是否继续使用该决策方案。如果该方案存在缺陷，领导机构将对其进行调整与改进。在专家委员会的管理决策运行过程中，领导机构主要是对其决策方向进行总体把握，并且将学校党政对高校创新创业教育的整体规划精神通过培训教学管理来落到实处，并进行贯彻。

总体而言，加强高校创新创业教育工作领导的管理决策，可以在宏观上确保其内容和发展方向，符合学生德智体美劳全面发展的需要，也可以适应学校总体规划发展的方向，符合国家和社会的经济发展需求。而加强专家委员会管理决策，在微观层面上更加容易形成合理的教学培训方法，从而确保高校创新创业教育的科学发展和高效运行。

四、高校创新创业教育管理决策机制的对策

从长远的角度来看，转变传统创业教育观念，树立创新创业教育课程理念十分必要。首先，高校的领导者必须了解创新创业的内涵，明确创新创业是以完成素质教育的要求为

核心的，其目的是为受教育者创造更好的教育条件。同时，还要意识到除了普通型人才的培养外，高校还肩负着为国家培养创新型尖端人才的责任。其次，要清晰地认识实现创新创业目标的途径，意识到以前瞻性的思维设定理念，并通过培养创新思维能力来实现目标。因此，各高校应以现实为立足点，明确创新创业教育的课程理念，以可持续发展的长远眼光来指导创新创业教育工作实践。

（一）增强创新创业学科建设，确定创新驱动发展要求

在创新创业教育协同机制中，高校处在培养大学生创新创业教育的主要位置，应发挥出科研、人才、资金等方面的优势，体现创新创业教育主力军的重要功能。除此之外，社会总体发展战略对高校创新创业教育培养也有新的要求，因此，高校应明确自己的地位及任务，在实践工作中积极探索，寻找更好的方式与路径。合理的创新创业教育工作对我国经济发展起着正向作用，由此可见，建立并完善创新创业协同机制，规范大学生创新创业教育势在必行。

大学生人才是高校创新创业教育的重要主体，在人才培养方面，高校应从以下四个方面着手：①制订规划，使人才培养工作有据可依，科学、完整的规划为创新创业教育实践工作的开展提供了保障。②转变观念，在传统观念的基础上，融入创新创业教育理念，并将这一理念运用到实践工作中，做到理论与实践相结合，不断优化调整，寻求最佳方式。③整合资源，重视各方资源，如政府的政策保障体系、企业的资金支持等，在此基础上不断推进教学与科研改革，完善教育规划，通过资源的合理配置达到激发大学生创新创业潜能与动力的目的。应特别注意的是，在资源整合过程中，一方面要激发学生参与创新创业教育工作的热情；另一方面还应完善教学系统，设立有效的师生双向选择制度，帮助实现创业者和项目之间的最优匹配，以发挥出最大的潜力。④提升教学水平。高校应深入研究创新创业教育理论，并积极探索实践内容，要通过设立多层次的创新创业教学内容充实课程体系，积极调动学校师生的积极性，提高他们在创新创业实践活动中的参与度，同时，还可以根据各校具体情况，引进更先进的教学资源和师资力量，使本校的创新创业教育水平得到实质性提升。

（二）设计多元化创新创业课程，开展循序渐进的教育模式

设计合理、丰富、多样化的课程，应注意四个方面：①要将创新创业教育与专业教育相结合，对不同专业的学生给予针对性的指导，帮助学生在专业学习中树立创新意识，提升创新创业教育的实效性；②要丰富课程形式，在传统课本的基础上，增加政策性资料和文件，根据高校自身的实际情况，灵活地编写教材，为学生提供更加丰富的资源；③集中时间安排实践操作，弥补教学课时的不足，帮助学生拓宽知识渠道，最大限度地获取相关教育资源；④要保障课程教材的实践操作性，便于师资人员参考教材，进行合理的实验准备和人员安排。此外，还可以通过拍摄视频、制作幻灯片等新媒体课程资源建设，将实践

中的操作技巧呈现给更多的学生，这样可以突破教学时间与空间的壁垒，从而提高教学效率。同时，还可以将这些多媒体资源上传到互联网上，方便学生随时预习和复习，最大化利用学习时间与学习资源。

（三）丰富课外创业活动，激励学生社团开展活动

在创新创业活动中，学生社团拥有得天独厚的便利条件，其自由化的活动方式、多样化的活动内容和以兴趣为导向的活动理念，能够将有相同活动意愿的学生聚集在一起，营造良好的交流氛围，激发出学生创新创业的灵感与动力。

（四）建构专业师资队伍，实现多样化教学方案

一方面，学校要以本校师资力量为基础，为本校师资团队提供资金支持，帮助教师走出校门，接受更多的培训，吸收更多成功的经验，学习更先进的教学方法；另一方面，学校还可以引进校外的师资力量，直接改善本校教学水平现状。除建设师资力量外，高校还要在课程建设上坚持创新，设计出符合学生兴趣、教学方式灵活、能满足学生实践要求的优质课程，实现本校教育教学的综合提升。

（五）充分利用校外资源，完善师资队伍激励机制

高校具有开放性的特点，因此，可以在培养创新创业人才方面采取校企结合办学的方式，充分发挥外力作用，为学生创造出更多创新创业的实践机会，以达到提升学生创新创业综合能力与素质的目标。

教师是高校教育工作的实践者，教师能否充分发挥其作用直接关系着高校整体教育水平的高低。因此，高校应对优秀的教师予以表彰，满足教师对精神荣誉的追求，激发更多教师的教育积极性；对于不同的教师，特别是对将价值需求放在优先位置的教师，高校应通过设立荣誉职位等方式满足其对人生价值、学生与领导认可和社会尊重地位的更高追求。此外，高校应以德才兼备为标准建设师资队伍，建立、完善激励制度，鼓励教师充满热情地投入到创新创业教育事业中去。

（六）规范创新创业教育活动，构建有效的督导机制

督导机制是高校教育教学活动健康开展的重要保障。高校的地位及人才培养任务决定了高校教育工作必须遵守国家法律，符合国家教育发展方针，满足社会发展和受教育者的个人成长需要，要尊重教育规律，科学有序开展。督导机制的建立，特别是其"督教""督学"功能的发挥，能够确保教师工作的规范性，也能端正学生的良好风气，同时，对教育管理的执行者也能起到监督的作用。

由此可见，有效的督导机制能够在保证社会主义办学方向的基础上，使高校形成民主、自由的良好氛围，同时使每一个师生都能够树立主体意识，共同参与到高校建设中。

第四节 高校创新创业教育机制的有效保障

为了保证创新创业有关教学活动的顺利开展，需要建立完善的高校创新创业教育协同机制保障体系。不同于其他形式的教育，创新创业教育旨在促进人的全方位发展，并使其满足经济社会发展的需要。创新创业教育是崭新的形式，其实施比较复杂，需要建立成熟的保障体系。作为国家创新体系建设的重要组成部分，高校应协同当地政府、行业、企业，深化产教融合，加强校企合作，加快构建创新创业教育保障机制，努力培养创新创业型人才，更好地适应地方经济社会发展的需求。驱动机制是关键，运行机制是核心，保障机制是重点，三方面目标一致、联动配合，共同作用于高校创新创业教育人才培养目标的达成。

为与高校创新创业教育协同机制相适应，保障体系的建立和完善需要容纳以下三个方面的内容。

一、高校创新创业教育队伍的有效保障

作为教育体系的顶点，高校教育长期以来担负着传播社会文化、培育高等人才、提升社会整体心智的重要使命。而教师作为高校实现其职能的主体，在某种程度上对高校教育的发展与成效产生决定性的影响。无论是课程创新还是授课内容创新，都要依赖高校教师的能动作用。因此，培养高质量的高校教师人才，应当成为高校教育质量改革的重要内容，建立保障高校教师人才队伍持续发展的培养体系则是维系高校人才不断提升的重要保障。为了形成吸引人才、留住人才、发展人才的完整机制，必须充分重视人才对环境的各类需求，创造有利于人才发展、生产、生活的综合性体制机制，从而达到发挥人才全部潜力的目标。

（一）构建科学合理的专兼职师资队伍

顺利开展创新创业教育的关键点是拥有一支高水平、高质量的教育团队，同时，应开展大学生职业发展教育师资培训活动。

为提高教师团队的整体素质，学校可以建立各类平台帮助教师学习成长，鼓励教师参加培训、学术研讨、教学交流等活动，具体包括三个方面：第一，面向全体教学类教师的长期培训，建议以三年为一个周期，提升教师的知识结构和教学能力；第二，面向重点教师群体的集中培训，以教学领头人和骨干为对象，进行高质量高水平的培训；第三，面向个别老师的高精尖培训，以培养省级、国家级重点教育专家为目标。

此外，建议成立专门的组织活动开展平台——校级师资培训和大学生教育与职业发展中心，致力教师和学生的共同发展，实现教学研究、管理服务一体化。就教师培训发展方面，成立教师培训发展教研室，负责教师培训活动的组织和开展，教师日常教学工作的有效监督和管理，以及绩效考核。就学生教育和职业发展而言，需要成立大学生创业教育与

职业发展教研室，负责大学生创业和职业发展相关的课题研究、课程教学、实践实训等。另外，中心需要通过搭建校企合作、学研一体化平台，促进双向发展。

1. 专职教师队伍建设

就学校的长期稳定发展而言，必须以专职教师为主体，兼职教师为辅助，不可以本末倒置。高水平的专职教师的人才队伍建设，直接关系到一个学校的办学水平和长期发展。尤其对于民办高校而言，如何吸引高水平的专职教师，避免人才流失，是其办学发展的当务之急。因此，可从以下两个方面着手。

（1）促进创新创业教育学科发展，构建师资培训平台。创新创业教育的目标、教学内容和形式是独立的，因此专职教师团队培训也是单独的。如今就业压力越来越大，更多的大学毕业生选择创业。由于较多学生选择创业，高校的创新创业教育人才培养体系就显得尤为重要。因此，可以通过强化创新创业教育研究和培训专门教学人员来组织高水平的创新创业教师队伍。

（2）搭建创新创业教育教师进修培训平台。创业所需要的知识包括社会学、政治学、经济学、管理学等多学科知识，因此大学生创新创业教育与这些学科以及思想道德教育都相关，高校要把创新创业教育纳入专业教育和文化素质教育教学计划和学分体系。如何将创新创业教育融入高校人才培养的全过程，就成为高校教育教学关注的重要话题。在开展创新创业教育的初期，可以为教师提供进修培训的机会，让他们参加一定的基础知识理论培训，以充分适应创新创业有关科目的教学要求。为了提高师资研究能力，可以鼓励老师参加国家级的创新创业培训会，地区论坛会、研讨会，选择优秀的教师出国访问学习，感受国外的教育观念和教育方法与国内的不同点；为了丰富教师的创业经历，可以实施"产学研一体化"模式，将理论研究成果带入实际创业过程中，还可以建立学校公司合作项目，让教师参与到企业经营管理中去。

2. 兼职教师队伍建设

在以专职教师为主体的前提下，还需要重视兼职教师的重要作用，建立兼职教师人才队伍。兼职教师是新时代资源共享、人才共享发展模式在高校教育教学中的集中体现。高校应该建立起一支理论和实践水平一流，了解学校办学宗旨和发展要求，清晰学校历史和学生发展情况、要求的兼职教师人才队伍，并使其成为专职教师教育教学活动的重要补充力量，承担起重要的教学工作，促进高校学生的发展。具体而言，立足大学生创新创业发展需求，高校可以有针对性地吸收以下兼职教师：第一，其他高校的创新创业教育的专家学者；第二，政府创新创业相关部门的工作人员，他们可以就创新创业相关政策与管理现状进行解读；第三，创新创业相关公司的行业精英骨干。

发展职业教育应以学生的就业为目标，以服务为展开方式，立足市场需求，重视对学生的理论、实践能力的培养，这一方面既包括对综合能力、职业道德与素质的培养，还包括对专业能力的培养，此外最重要的是对发展性能力，即创新创业能力的培养。因此，可以结合学生需求、市场发展现状和学校要求，及时有效地聘请兼职老师，促进教学资源与社会资源的共享与融合。另一方面，以兼职教师为中介，与相关政府部门、企业组织建立合作关系，为学生的实习实践和社会创新创业活动的开展建立良好的平台。

（二）加强创新创业教育的师资建设机制

教师在创新创业教育体系中一直被看作核心，即该教育活动的主体，这在一定程度上是因为教师担负着人才培养的重要任务。同时，教师队伍的整体素质水平在一定程度上可以代表国家或者某一地区的教育水平，能够反映出当地的教育现状。如果教师队伍的相关素质不能够达到较高的水平，那么最终所呈现出来的教育结果就不能使人民满意。因此，在创新创业教育活动开展的过程中，教师队伍的质量对该活动是否能够顺利开展起到至关重要的作用。如果要实现创新创业教育活动的顺利开展，就必须组建一支既具备坚实的专业课知识基础，又具备一定创新创业思维的教师队伍，并且其还需要拥有大量的实践经验，从而更好地推进创新创业教学活动的开展。借鉴国内外创新创业活动的经验，并立足于我国创新创业教育活动发展的现状，可从以下几方面来推进创新创业教师队伍素质水平的提升。

1. 设定合理的创新创业教师的聘用规定

当前，我国多数高校对于创新创业的教育还不够重视，并没有开设专门的学科课程，这在一定程度上也导致相关专业的教师资源十分稀缺。而目前高校中最常见的创新创业教育教师多半是由主管学生就业部门的老师以及经管系的老师充当的，换言之，教授创新创业课程的老师并未受过一定的创新创业培训，所以，其在一定程度上并不能够胜任相关教育活动。因此，在构建创新创业教师资源体系的过程中，一定要选择教学水平高、具备创新思维以及相关实践经验的教师。同时，也可以设立高标准的教师准入规定，在注重理论创新教育的同时，也要将创新实践提到一个更高的层次，既要考察教师的相关思维能力以及专业知识储备，还要考察教师的基本师德素养等方面，从而组建起一支质量高、素养高的教师队伍。

2. 完善创新创业教师队伍的授课结构

首先，学校应该提升对相关教育活动的重视度，构建起相关教师的培训机制，鼓励教师参加相关培训活动，促使教师获得相关的实践经验，从而打造出一支优秀的创新创业教师队伍；其次，高校应该优化配置学校的专业教师资源，保证创新创业的教师队伍是由不同专业的高质量教师组成的，其专业知识之间能相辅相成，从而既保证教师队伍授课结构的科学化，也保证高水平教师的培养。在选拔优秀教师的过程中，高校应该建立起严格的选拔制度，选拔出一支教学水平高、师资素养好的年轻优秀教师队伍。与此同时，也可以培养一批实践经验丰富的兼职队伍，成员可以是成功的创业者、风险投资员、企业职员等。

两支队伍相辅相成、互相协作，以此既保证年轻教师队伍创新水平的提高，同时也能够保证学生获得相应的实践经验，全面提升创新创业教育水平。

3. 组建系统的创新创业教育师资培训制度

优秀的教师队伍是创新创业教育活动顺利开展的先决条件，而组建一支优秀的教师队伍的唯一方法就是挑选和培训优秀的教师。在一定程度上，创新创业教育活动的开展对教师教学水平提出了更高的要求，教师不仅要具备相关创新思维，同时还要具备一定的创新实践经验。

如果想要培养一批具备相关素质的人才，教师就必须拥有丰富的创新创业经历，为了实现该目标可从以下两个方面着手：一方面，鼓励教师积极参与创新创业实践活动，从而使其能对创新创业在社会实际发展过程中的真实情况有更好的把握；另一方面，高校应该积极开展相关的教育实践活动，加强本校教师队伍与国内外优秀教师队伍之间的交流和学习。

（1）扩展创新创业教师的培训途径。在一定程度上，如果要提高教师队伍的专业素质水平，就必须保证教师队伍中的每一个教师都参与相关的教育教学活动培训。只有提高教师队伍的素质水平，才能够保证创新创业教育活动的顺利开展。目前，我国对于创新创业教育活动教师的培育方式还不多，但是参与到该教育活动中的教师数量却在不断增加，因此，拓展创新创业教师队伍的培训途径至关重要。

（2）增大培训强度，提升师资队伍的整体质量。开展创新创业教育活动在一定程度上有利于提升学生的综合素质水平，但是，此活动的开展离不开相关专业教师的教学。目前，由于创新创业专业的教师较少，就必须加大对参与该教学活动的教师的培训力度，保证每一位教师都能够接受相关培训，并且从中获得新的教育灵感，从而提升相关教师队伍的整体质量水平。在人才培养过程中，教师占据着重要的地位，而教师的专业性在一定程度上影响着教学活动的进程以及相关的教学成果，因此，对教师进行具有核心竞争力的培训极其有必要。通过对相关教师进行创新创业思维以及实践经验的培训，既能够使教师具备一定的创新能力，也能保证学生的探索精神得到一定的鼓励和支持，进而保证我国创新创业类教育活动的顺利开展。

4. 构建完善的创新创业教师考评与激励机制

做好教育队伍管理形式的激励机制建设，完善教师考评和激励机制。当前高校为鼓励更多专业教师参与到创新创业的教育教学活动中，构建了众多形式不一的奖励机制，在以此来鼓励教师积极参与的同时，也推进了对相关活动团队的管理。建立起完善的教师教育教学成果及方式的动态考评机制，在一定意义上更能够推进创新创业教育教学活动的开展，并且在一定程度上转变教师参与教学的思维方式，以此实现该教育活动的理想化教育目标。建立起相关考评机制，从多个方面评判教师整个教学过程，可以有针对性地提出整改意见和要求，以此保证教育教学活动的圆满完成。

除此之外，各大高校应该逐步增设与创新创业有关的课程，以此来保证教师与学生都能够充分而全面地接触到该课程的相关内容。同时，在加大教师培训力度的过程中，也要保证学生对于创新创业理论知识的掌握。教师考评制度的建立和完善是教师教育教学工作中至关重要的第一步。教师考评制度在一定程度上对教师的实效工作有着一定的影响，其既是学校管理的重要环节，也是教师团队教学质量得到稳步提升的有效推动力。同时，通过该制度可以从多方面评价教师的教学工作，既完善了教师教育教学工作的评价导向，也切实保障了每一位教师的才能得到发挥。建立起相关的激励机制，在一定程度上能够激发教师的教学主动性以及思维创造性，从而使得相关教师具备大量的创新创业实践经验以及创新思维，以此保证创新创业教育活动的开展。创新创业教育在一定程度上应贯穿大学教育的始终，从而既保证了学生的创新思维能力得到提升，也保证了学生具备一定的创新创业水平。

二、高校创新创业教育质量管理的有效保障

教育改革的关键任务是提升教学质量，树立以提高教育质量为中心的教育发展观，构建以提高教育质量为方向的管理体制和工作制度。对于高等院校而言，努力提升教育质量是教育改革发展的重要目标。高等院校可以成立创新创业质量保证领导团队和专家团队，借由行政手段和学术威信，共同确保创新创业教育品质。要对高校创新创业教育品质开展深入评价和分析，以便构建行政和学术系统下的教育质量保障系统。构建高校创新创业教育品质监督支撑机制，最重要的就是建立高等学校创新创业教育品质考核机制。教育质量保障包含三大重要部分：第一，创新创业教育师资；第二，物资等部分保障；第三，创新创业教育的教学成果保障。因此，为提升教学品质提供全面理论参考并协调各类物资，不仅要构建将创新创业教育评测作为核心的创新创业教育品质监督支撑机制，还要定时评测高等学校创新创业教育管理情况和传授效果，实时监督并对其开展的状况实行测评。

（一）创新创业教育教学的组织评估

学校对于创新创业教育的关注程度和对各部分的投入状况是评判高等院校创新创业教育机构情况的重要指标。促进教育整改和提升教育品质的首要任务就是考评院校创新创业教育指导机构的状况。制定有效的考评标准是评判创新创业教育指导机构状况的重中之重。概括而言，评测指标可从投入、流程和结果三个方面来确定。针对投入部分的评测，其关键是看对创新创业教育不同部分的投入情况，涵盖法规支撑、教师师资配比、金钱付出、管控人员的数量、场地搭建等；在流程部分，考评重点在于创新创业教育的课程设置、教学方法、教学服务保障、组织管理等；在成果部分，考评侧重于考核学生的理论分数、技

能掌握情况、实际操作等。由于针对高等院校创新创业教育机构现状的评测集中在高等院校创新创业教育的关注度和整体付出情况上，因此可选取以下内容作为考评标准。

1. 基地建设

创新创业教育理论研究基地和实践锻炼基地共同构成了基地建设。理论研究基地是学生研究理论的重要场所，其集中构建在校园内部，以便学生在校内学习理论知识。实践锻炼基地通常由高校和政府共同组织，建立在校外，为有创业想法的学生提供实践锻炼必不可少的场地。基地建设投入的考核有两个指标：一是软件指标，即基地拥有的学术教师和实操培训教师；二是硬件指标，即创业教育基地的数量和整个基地能承接的学生数量等。

2. 资金

资金的投入是创新创业教育是否可以顺利落实的核心。创新创业教育研究资金是基本经济投入，创新创业举办指导活动需要的经济支持是主体经济投入，这两部分的投入共同构成了高等院校创新创业教育资金。其中举行教学活动的资金不仅涵盖主修课程和隐藏课程开展需要的经济支撑，对于优良人员培养的费用也涵盖其中，如给予优秀学生参与创业实操比赛资金方面补助、给予一定金额的创业研究项目补助等。

3. 管理人员

创新创业教育体系中除教学老师之外的人员都属于创新创业教育管理人员。他们的主要工作内容包括对组织管理人员投入状况的评测等一系列隐形课程有关的工作，其中包括成立单独的创新创业教育监管团队来把控创新创业教育人员数量等。

4. 教育课程

创新创业教育的显性课程在高等院校里涵盖了必修课、大学选修课和辅修课，通过学习，学生能掌握创新创业教育的初级学术理论。除此之外，还有专业课程、思想道德教育、通识课程等教学内容，以便提升大学生创新创业的技能。需要设置科学、规范的创新创业教育显性课程，其不仅应该涵盖创新创业理论知识、创业能力要求，而且也要符合现阶段的创业趋势，通过教导初级的学术知识，培养学生创新创业技能，进而让学生知道创业的意义，最终成长为拥有创造性观念并能主动进行创新创业的大学生。

隐性课程旨在通过学校文化和学习氛围发挥作用，与提高学生整体素养并保证学生能够全面良好的发展密切相关，它不属于原始定制的大学教学体系。高校在课外开设创新创业教育隐性课程，旨在帮助学生在本校学习环境里掌握更多与创新创业有关的理论知识。隐性课程和显性课程在创新创业教育中有以下明显区别：第一，形式不同。显性课程以教室内的学习为主要形式，但隐性课程更善于利用室外形式让学生参与其中，不仅能让学生掌握创新创业相关知识，更能提升其创新创业实操技能。隐性课程有丰富多彩的呈现形式，包括创新实践比赛、社团组织、课外实操活动等。第二，隐性课程有着更为放松的学习过程。它将有效的创新创业理论和实际操作技能等融入现实情景之中，借由活动形式呈现，在愉悦自在的氛围下，大学生能够从中得到启示，提升自身的创新创业学习主动性，这是创新创业隐性课程的另一大特点。

5. 教师队伍

教师团队状况不单体现在自己院校的创新创业教育全职教师和兼职教师的人数上，优秀教师在全体教师中的占比也较为重要。通过教师人员的数量可以了解到高校开展创新创业课程的数量，而拥有博士学位和正、副教授称职的老师人数比例也是教师队伍情况的重要体现。

6. 教学方式

学校尽力栽培有积极创新创业想法并对创新创业知识了然于心且具有实际操作技能的学生，在教学中使用不同方法把教学目的转化为教学成果，这就是高等学校创新创业教育教学方式。创新创业教学方法可以利用指导配合引导性探究，让学术配合实操，或者使用实操指导、学术引导法、举例指导法、探究教育、引导教育等方式。

7. 服务保障

完善的创新创业教育服务保障体系是成就优秀创新创业教育和提高质量的前提。因此，完善创新创业教育服务保障机制需要具备以下三点。

第一，创建大学生创新创业引导服务中心。引导服务中心可作为大学生和企业之间的沟通桥梁，在团队创业实操过程中还能给予经济、场地和人才扶持。由此可见，各个学校应根据自身实际状况，开设专门的创新创业引导服务中心，以"一帮一"的形式对创业学生和创新项目进行辅助和实时指导，实时关注他们日后的发展方向；针对创业未取得成功的同学，还需要帮助他们分析原因，并提出解决方案，激励他们勇往直前。

第二，强调创建创新创业教育实践基地的重要性。高等院校应该建立一个完善的、设备齐全的创新创业教育实践基地，使其成为学生将想法转变为现实的场地。构建一个创新创业教育实践场所，不仅要充分发挥其实践功能，对全校师生进行传播，而且要将获益人群的人数逐步增大，进而形成标准化的管理。

第三，创建创新创业教育信息化服务平台。学校要大力发挥互联网和图书馆的传播信息功能。学校可以在图书馆中放置一个专门为同学提供创新创业教育系列书籍的书架，书架不仅要整齐摆放与创新创业方面相关的书籍和期刊，还要做到对创新创业类相关文献信息及时更换，以便师生可以获得来自不同方面的信息。此外，要搭建网络信息服务渠道，让高校师生能够及时迅速地得到精准丰富的前沿创新创业法规、教学指导、经典案例、公司实际操作等内容，将图书馆和互联网平台的教学作用发挥到极致。

（二）创新创业教育教学的效果评估

创新创业教育的实行旨在引导高校学生提升创新创业技能并对创新创业有更深入的理

解，通过让学生自主参与不同行业的创新创业，使他们建立良好的价值观。实现教育目标的关键在于加强学生对创新创业的认识，提升学生的创新创业技能。高校创新创业教育的教学成果体现在所有举办的教学活动是否实现了教育目的，并且达到了哪个阶段。简单而言，通过比较参与过创新创业教育的同学和没有参与过的同学在对创新创业的认知、主动性和能力方面的强弱，就可以评判教学成果如何。因此，大学生创新创业教育教学成果与创新创业教育目的一定要一一对应。

创新创业意愿和创新创业自我效能感两个概念的提出背景在于，立刻评判出大学生对于创新创业的认知和本身具备的创新创业技能非常不容易，因此需要寻求公正、严谨的大学生创新创业认知和技能评判方法。创新创业意愿能够反映大学生对于创新创业的主动性的强弱，其本身是代表学生是否有创新创业意识的自我行为。高等院校的创新创业教育是为了让学生形成良好的价值观，加强学生创新创业的主动性并且让学生自信地参加到创业实践活动中去，是让大学生具备创造性、拥有主动创业想法的教育，其本身与当前高等教学体系里的专科教育完全相异。高等院校在创新创业教育方面不仅要以传授创新创业学术知识为基石，更要增加教学形态，积极迭代教学方式，打开学生思路，提升大学生创新创业积极性，在培养大学生的自主性意识和创造性思维方面下功夫。针对大学生自身，培养主动性、创造性观念的前提是引导他们树立起创新创业积极自主的意愿，让大学生确立自身主导地位，激发他们全面展现自身的积极性和潜能，从而提高自我价值，获得明显的进步和长足的发展。

三、高校创新创业教育制度环境的有效保障

创新创业教育环境是一种价值规范和意识形态，能够被学校师生所感知，其也是一种制度环境，能够促进创新创业教育的发展。学校基础设施是教育环境中的一部分，如图书馆、食堂和教学楼等。此外，还包括建筑风格、绿化设计等学校环境构造和管理制度、发展规划等学校的规章制度，校训校史等精神文化。对适合创新创业教育发展的环境进行保护的体系的建立是高校创新创业教育制度环境保障体系的本质。

（一）创新创业教育环境的重要作用

良好的创新创业教育环境有许多优势。例如，良好的环境可以使创新创业教育的教学质量和管理效率得到提高，使学生能够积极主动地参与到创新创业教育的学习活动中，让全校的师生能够有这种教育意识，使高校创新创业教育能够顺利地进行。

1. 目标引导作用

学校活动、校风校训和学校宣传等都是教育环境的影响散发的途径。高校是这些活动的组织者，其在组织活动时，应当有明确的目标，融入本校的特色和理念，引导全校师生

的发展。高校的发展和学生的教育目标应当是命运共同体，因此目标的导向可以使学生在教育环境中的意识形态得到改变。如果在高校教育环境中融入目标的引导，且选择以创新创业教育思想观念为本质的目标，那么全校师生将会拥有和学校共同的目标，学生和教师在整体中的热情将会被进一步激发。

教育环境能够整合资源。教育环境一方面可以引导师生价值和目标；另一方面还可以对校园共识进行凝聚，使教师能够在创新创业教育教学的过程中感受到切实的成就和认可感，凝聚师生们的精神，使在教育环境中的每一个人都能够投身创新创业教育，为创新创业教育付出一份力量，促使其顺利稳定地开展。

2. 价值引导作用

新鲜的观念和事物更能吸引新生代大学生的注意力，大学生比其他年龄段的群体能更快速地接受新颖事物和观点。另外，处于青春期的大学生并没有成熟的意识体系，周围的环境会对其产生影响。这时，教育环境的引导和教育作用就体现了出来，将创新创业的意识和价值观念植入学生身边的环境中，更能促使学生建立起创新创业的意识，提高学生投入环境的积极性，这样创新创业教育的教学成效也会逐渐提升。为了使新型创新创业教育的制度环境能够被良好地营造，教师不仅要对自身的发展予以重视，还要坚决贯彻学校的相关政策和管理制度，只有这样才能积极地推动创新创业教育活动的发展。此外，在学校的学习氛围中，也可以植入相关的创新创业要素。教师要以创新创业教学为己任，引导学生建立创新创业意识。

（二）创新创业教育的生态环境分析

物质和精神两个方面都存在于高等学校创新创业教育的环境中，教师，学生，教育的形式、方法、过程和内容等都会受到这两个方面的影响，不同的环节之间有十分复杂的关系。学校要更全面地看待高校创新创业教育的环境保障体系，以内外双视角来看待高等学校创新创业教育环境，将其看作是一种生态系统，并对生态系统的各方面要素进行关注和分析。

创新创业教育主体和教育生态环境是高等学校创新创业教育生态系统中的两大组成部分。在创新创业生态系统中，创新创业教育主体扮演接受和实施者的角色，其中：高校中与创新创业教育相关的教学机构、师资队伍和负责部门等都是实施者；创新创业教育的活动、课程和教学计划等是实施者在创新创业教育生态环境中进行的行为；参与创新创业教育培训的学生就是环境中的接受者，在种类繁多的教学服务中，学生能够依照自己的需求来选择自己想要的教育服务。

物质环境是创新创业生态环境中的一种，如基础设施、建筑风格、校园环境等。此外，创业生态环境还包括校园文化、校风校训等精神环境。不同的创新创业主体，如实施者和接受者之间有着紧密的联系，教育管理和教学活动等是连接实施者和接受者的纽带。在这种关系中，实施者会将教育服务提供给接受者，接受者会将自身的心得反馈给实施者。紧密连接主体的敏感因子是创新创业教育环境影响主体的主要中介，实施者在这种影响下，会向接受者提供具有差异的教育服务、数量和质量，因此，接受者对实施者教学的评价也会有所变化。实践是创新创业教育主体对创新创业生态环境进行完善的优良途径。

（三）创新创业教育环境保障体系的有效支持

建立保障体系是为了促进创新创业科研的进程，同时为创新创业教育指引前进方向，提供改善的办法，确保其继续顺利发展，并对其进行全面推广，让其充分发挥作用，推动社会发展。以高校创新创业教育的特点为基石，下面将从政府、社会、企业和家庭四个方面来阐述如何营造良好的教育氛围，修补当前创新创业教育整体保障机制。

1. 政府政策的支持

政府作为法规的颁布机构，在高校创新创业教育保障体制中承担着引领、支持和激励的职能。高等学校举办创新创业教育活动，引导学生积极参与，都要有机构法规、各种物质要素、资金和社会服务机构的全力支持。

（1）政策法规支持。政府相关机构应在全面了解高校创新创业教育之后再颁布相关政策法规。政府应在符合市场经济规律的前提下，将利好的创新创业发展氛围给予大学生，并颁布与之相关的激励扶持政策，绝不可单从增进学生就业方面来领会此教育本质。创新创业教育是否能够顺利落实取决于政府有没有提供相关政策法规的扶持。具体而言，相关法律法规政策的颁布要加快推进，为创新创业教育提供法规上的支撑；有关单位应尽力简化大学生创新创业准入流程，进而提升审核速度；相应的税收减免等优惠政策也应一并出台；对应的创新创业培训指导、政策咨询、持续指导等服务内容，需要尽快派遣相关单位来承接。政府在政策法规上的全力扶持将为高等学校顺利发展创新创业教育提供保障。

第一，出台具备特殊性、全面性和实施性的相关创新创业教育政策。

第二，梳理出已颁布的相关创新创业教育法规，在公共平台公示，把这些法规放在同一批次，保证政策拥有全面性和连贯性。

第三，建立创新创业教育法规的监察机制。首先，依靠丰富的媒体手段宣传创新创业教育法规。全面利用互联网、电视、有声平台、纸媒等传播手段来宣传和推荐新出台的创新创业教育政策，对于大众感兴趣的相关创新创业教育政策的内在意义，邀请专家学者进行深入阐述和详尽解析，让政策内容能够快速、准确、全面地被有关受益者学习。其次，建立协作运行机制，将高等学校、政府、企业三者紧密结合。领导机构作为各个机构的联络纽带，要协调各个机构之间的关系，及时监控创新创业教育政策的进展情况，并确保信息反馈速度，对持续完善创新创业教育政策起到积极作用。

（2）免费培训指导。为了增加大学生的创新创业理论知识，并提升大学生的创新创业操作技能，政府可以定期邀约国内外优秀企业家、高校专业领域内的知名教授、政府有关单位经验丰富的职员等担当大学生创新创业指导老师，通过教学、咨询、答疑、案例解析等手段增加大学生有关创新创业的知识和技巧。

（3）建立创新创业教育中介组织。政府要为大学生创造优良的创业氛围，激励大学生创新创业，全力扶助丰富多彩的非营利机构，增强对大学生创新创业教育理论知识的输入，并带领其实施。例如，政府划分出单独的实操基地给到创新创业项目，在政府相关单位和有关的教育科研团队带领下，成立有公信力的创新创业教育科研组织，广泛地开展创新创业教育研究，同步在全国各地高校举办创新创业教育项目，为我国创新创业教育的建立提供理论基石。发动社会全体成员积极创建创新创业民办教育机构，和高等院校联手开发创新创业教育项目。为了帮助大学生在创新创业进程中尽快找到相关支持企业，获得相应资金支持及有效的政策法规咨询，政府要全力推进大学生教育中介机构的建立，创建大学生创新创业实施场地和基地。与此同时，中介机构需估算大学生创业需要的经费，为大学生提供政府小额贷款，承担大学生创业贷款担保职责，减少政府压力和高校教学压力，充分监察教育的实行情况，公正考核创新创业教育的实践状况。

2. 社会舆论的支持

为了确保创新创业教育的成功实施，就必须营造一个优良的社会氛围。在培养创新创业人才方面，我国源远流长的传统文化有着举足轻重的作用。为创造一个主动进取、鼓励人们创新创业的社会环境，我们在延续和发扬优良传统文化时，对于守旧文化要予以剔除，对于其良好美德要发扬光大。利用相应的宣传方式引导社会建立人才考核标准，强化创新创业社会理念至关重要。想全方位营造良好创业氛围，就必须通过政策法规来激励大学生创新创业的主动性，维护创新结果，发布创新创业激励政策和人才培养政策等。

目前社会对于创新创业教育的理解仅停留在表面，这类教育并未引发激烈讨论，触动的人群并不广泛。虽然高等学校和教育单位对于创新创业教育了解深入，但仅有高等学校付诸行动，显然不能够完全推动创新创业教育的整体进程。现阶段创新创业理论在部分区域发展迅速，但也有区域的创新创业教育仍未开始实行，创新创业教育进程明显露出发展不均衡的态势。因此，为了面向社会推行创新创业教育，我们需要建立一个以政府为核心，高等学校为主体，全体社会成员积极传播并推行的创新创业教育新形式。通过网络、电视、报纸等传播手段，让大家的创新创业主动性得到积极发挥，使全社会对创新创业形成共同认知，为创新创业教育实施创造良好的氛围和情境，推进创新创业教育进程。

3. 企业合作的支持

企业在创新创业教育进程中的作用非常重要。创新创业教育不仅为学生带来了更多就业机会，而且提升了他们创业的主动性，激发了他们的创新创业潜能。理论知识培养和创业实操指导都属于高校创新创业教育的范畴，其中实操指导是非常重要的环节，并且需要企业的大力支持。在大学生创新创业教育过程中，企业可以带来方法指引，提供实施场所、资金帮助、扶持项目等。当前虽然有很大比例的高等学校在创新创业教育进程中得到了企业的扶助，但仅局限在经费方面的帮助，较多依靠的是企业的推广效果，却缺少对大学生实际实操方面的引导和项目扶持。如果想推动创新创业教育的发展，促进企业本身的持续增长，达到互惠互利，那么企业不单要在资金方面进行扶持，还要给予实施场所的支持，以及项目方面的指导，全方位帮助创新创业教育发展。因此，高等学校与企业之间应该达成长期稳定的合作关系，企业将一些经过历练的职工派遣到高校担任兼职教师，给予更多发展创新创业教育的机会，为大学生提供一些实践的创新项目，提高学生的创新创业实操水平。

此外，为了促进创新创业教育并营造良好氛围，企业可以利用其自身宣传能力和社会号召力，扭转社会和家庭对于大学生创新创业的负面看法，对创新创业激发的正面作用表示赞同，更新大众对于创新创业教育的认知。

4. 家庭的支持

根据当前我国现状来看，家庭在大学生成长中有着重要的影响，对于他们世界观、人生观、价值观的形成起着非常重要的作用，同时也是大学生的经济和精神支撑。即使学生在创新创业活动中储备了理论知识、拥有创新思维和实操技能，仍需要家庭的正面支撑。大学生的家庭背景直接影响到其就业观、创新创业素养、自身性格的养成。父母对创新创业的看法与孩子的就业观念呈正相关关系。如果家庭对于创新创业持正面态度，并适当激励，学生的创新创业主动性就会因此提高；但是如果家庭对此有负面看法，学生信心就会受挫，严重的会导致创业想法破灭，在困难面前只想逃避。因此，高校要学会全面利用家庭在教育中的作用，积极与家庭进行良好沟通，争取家庭对学校创新创业教育活动的支持。

总而言之，建立创新创业教育保障机制需要通过政府指引，将高校作为实施主体，引导全社会主动参与，联合企业扶持并得到家庭大力配合才能够顺利进行。我们需要通过网络、电视、报纸等媒体进行广泛推广，配合社会各界人士的努力，推动创新创业教育进程，将我国创新创业教育提升到一个新高度，进而推动社会主义市场经济的全面进步。

（四）创新创业教育环境保障体系的构建措施

教师与学生的意识形态在优良的创新创业教育环境下能够受到正向的影响；反之，教师和学生在劣质的环境下会受到消极影响，且这种影响时刻存在。因此，高校应当重点营造优良的创新创业教育环境，以此来促进教学成效的提升。

要对创新创业教育环境在生态学上的概念进行全方位理解，创新创业教育体系的协调性是环境保障体系建设的必要条件。许多方面和要素都在影响着高等学校创新创业教育，整个系统十分复杂。实施者和接受者与环境之间有着复杂的关系与作用，促进整个教育环境的稳定协调发展是高校创新创业教育开展的重要保障。

　　为了使高等学校创新创业教育环境保护体系得以完善构建，必须综合考虑物质和精神两方面的环境建设。如果过分重视物质而忽视精神，那么推动教育的动力将会有缺失；如果过分重视精神忽视物质，那么高校创新创业教育将会缺乏载体。所以应当对二者进行协调建设，合理配置资源。

　　在迎合协调性要求的基础上，提出创新创业教育环境保障体系的构建模式，这种构建需要通过环境监测进行，以教学研究为基础，重点实施资源配置，同时要迎合相关政策，在高等学校创新创业教育环境保障体系建立时，综合考虑物质和精神两方面的需求。物质环境的建设是为了顺利推动创新创业教育，精神环境的建设是为了得到显著的教育成效，具体有以下措施。

　　（1）在创新创业教育的过程中，要加入激励措施，通过对体系中的老师、管理人员等相关人员的激励，促使教育成效的提高。激励方法包括职位晋升、职称评定和绩效奖金等，以此来提高管理人员和教师等人员的积极性，使教师能够更加主动地为创新创业教育做出奉献。对于学生，可以通过奖学金、奖状和记录学分等方式调动他们的积极性。

　　（2）加大监管监测创新创业教育的力度，对教育环境的情况及时进行了解。创新创业教育是长期持续的，高校必须建立健全物质和精神监管制度，建立监管环境教育的专业团队，对物质和精神环境现状通过问卷调查、实地访问等形式进行了解，将了解到的现状向创新创业教育研究和管理部门实时上报，对环境了解后要找出相应的解决办法，使教育活动的实施能够长期有效地进行下去。物质和精神环境只是创新创业教育环境监测和监管工作的对象之一，实地调查和访问是物质环境测评的主要方式，对访谈和问卷调查的分析是精神环境监测的主要方式。

　　（3）对创新创业教育资源进行合理配置，科学合理地进行资源分配。在进行建设前，要做好统筹规划，避免出现不科学、不合理的资源配置方式，在投入创新创业精神与物质环境建设之前要做出相应的评估，使资源能够用到关键地方，避免出现资源浪费的情况，大力推进创新创业教育环境的稳步发展。需要建设专门的管理机制来分配具体的创新创业教育资源，使资源配置的事先、事中和事后三方面的评价都能够得到保障：在建设前需要对投入资源的各方面要素和配置进行具体评估，在事中需要对投入的物质和精神两方面的资源的实际情况进行分析与调整，事后要对整个过程的资源投入与产出进行相关的剖析与评价。

　　（4）加大创新创业教育科研工作的力度。由于创新创业教育兴起较晚，不像其他教育那样具备丰厚的基础和先例，因此，应当对教育环境的建设风险进行事先评估。对于创新创业教育应当大力研究，使创新创业教育环境中对接受者和实施者产生影响的各种因素浮出水面，同时，对于其产生的影响进行剖析，这样在创新创业教育环境的建设过程中，可以更加得心应手地掌握各种影响因素，针对各种情况制定合理的解决对策，通过建立专业的智囊库促进良好教育环境的建立。课题招标和成效考评是加强创新创业教育科研工作的两种主要办法。课题招标是一种策划科研课题的方式，这种方式是以本校实际开展创新创业教育的情况和未来方向为出发点的，所有与创新创业有关的教师都是公开招标的对象，课题招标会将创新创业科研资源充分提供给教师。成效考评是学校内部人员对创新创业教育环境建设做出的个人贡献进行公平科学的考评的过程，其可以激励教师和管理人员积极创建创新创业教育体系。

第四章　高校创新创业教育的创新与发展

第一节　高校创新创业教育的创客空间搭建

一、高校创新创业中创客教育实施的基本路径

（一）创客教育实施的方向

高校双创学院进行教育引导应该遵循一个客观规律，即我国高校双创教育的开展还处于初期，主要还在探索阶段。应在现行的科技条件和社会变革的大趋势下，去寻找那些可以遵循的规律，以谋求在短时间之内利用有效的资源，产生大量高质量项目并进行强化。

1.创新、创业与创客教育

我国高校的创新、创业、创客教育是从不同角度进行的同一个工作的项目内容。

（1）创新是人类发展的原动力，是思想方法和理论凝聚的重要范畴点。只有不断地创新和迭代那些固有的需要改革的部分，才能使一个事物、一个项目和一种思想更加趋于现实和完美。创新是从思想意识和时代趋势上去诠释操作规律，让广大师生树立创新意识，发挥创新精神，掌握创新技能，提高创新能力，并在技术部分运用娴熟之后奠定创新的物质基础。

（2）创业是将创新所产生的对某一事物、某一思想或某一范畴的技术性的突破和思维上的突破创新点、项目落实到实际生活和市场竞争中去，是对人类的生产、生活和科技进步去做更深入的具体操作，以谋求更多的利润。创业类型主要分为创新型创业与改变性创业。

第一，创新型创业。创新型创业是在创新的前提下，做出开创行业和高科技的亮点，以在充满市场竞争的社会环境中去落地，去运营，去输出有价值的产品和服务，去服务广大的用户与客户。由于创新型创业科技含量高、市场价值高，易受到资本青睐。

第二，改变型创业。改变型创业则是在原有已成熟的领域、原有运转良好的商业板块、原有正在应用和经过人们的实践检验的基础之上，进行一个裂变型的改变，也就是将其某

一部分进行迭代升华与创新改变。改变型创业的优势是，在原有已经非常成熟的项目上面进行革新、改革、裂变和迭代，这样它的成功率是比创新型企业的成功率要高的，而且更加接近于市场变现的路径，更容易在短时期内推出能满足客户需求的高质量的创客项目。

（3）创客是将一个想法或一个创意变成一个有价值的产品与服务，并以此为乐、追求实现自我价值的群体。创客已经被中国高校中有作为的具有创新创业能力的人所接受，并且成为他们的一种生活方式。

2. 产品创客创业的方向

（1）创造性产品创客创业。产品是创客们创造出的原创、即时类产品，这些产品可能有着能够创造一个新行业的能力。在高校创新创业的创客教育活动中，应大力鼓励此类产品创业。但此类产品创业不易产生巨大的规模性效应和成果。

（2）创客性产品创业。创客在某一行业的某一品类上进行再创造、再延伸、再发展，使其产生了拐点，这个拐点对于整个行业具有颠覆性的影响。

我国高校双创学院在对产品创客进行教育培养与引导时，会着眼训练创客的各项能力。其中最主要的是对产品创客的大脑灵活度的训练，使创客能够产生非凡的想法，这样的训练能够让产品创客将现有的产品进行拐点式的改造，并基于社会需求，创造出那些能够满足人们生产生活需求的伟大创客产品。

（3）营销类创客创业。营销类创客泛指在产品创客将产品创造出来后将产品推向市场，寻找渠道与客户的创业群体。他们在销售产品的过程中，不断地了解客户的最新需求，将产品进行无限接近于客户需求的迭代。在我国双创学院的施教过程中，对营销类创客的培养应该采取有效的手段与教育。产品创客只需要将一个想法付诸实践，发明、创造出产品；而营销类创客是要将一个产品卖给用户，所以一定要足够了解这些用户的需求，以完成商业转化。因此，对营销类创客要进行以下方面的训练。

第一，驾驭销售团队与销售渠道的能力。在参与市场竞争的过程中，营销类创客的管控能力、激励能力与领导能力对团队尤为重要。

第二，在进行市场推广的时候，要有拟人化、高情商的能力。当下商业模式的迭代频率加快，已经发展到红人经济时代，这一时代的显著特点就是将一类客户的需求做成产品与服务，并在相应的平台上进行推广，让更多的人来购买，并利用良好的口碑来实现自动销售。而这就需要建立品牌，要有相应的品牌故事、品牌调性来做标签，也就是当下流行的商业法则——超级IP。超级IP作为一个标签包含很多内容，品牌故事、产品、社群、媒体内容、媒体渠道等，而IP的最高层次就是拟人化。

第三，营销创客应该具备快速使自己正在销售的产品按照客户需求进行迭代的能力。大数据时代是一个信息倍增的时代，是一个需求个性化的时代，是一个一切想法都能够快速实现的时代。企业的有效时间在缩短，产品的需求、拐点在不断地改变，所以营销类创客要能快速探索客户需求并改变自己的产品，使其适应市场需求，而不被市场所抛弃。

（4）内容传媒创客创业。内容传媒创业既包括对科技、人文、心理、历史、哲学等方面的内容进行创作以及演绎的创业行为，还包括将已有的内容通过书籍出版，拍摄电影、电视剧、动画片，制作情景剧、歌曲，创作诗歌、舞蹈等形式进行内容创造的再表现。

内容传媒创业这一个概念在高校双创创客教育中才刚刚兴起，并且在中国社会主流人群中也刚刚得到认可。内容传媒创业继通过传统媒体、纸质书籍、电视、电影、歌曲舞蹈、情景剧等进行表现之后，随着近期移动互联网、软硬件和带宽的提升，又在自媒体上获得了更多机会。就目前的发展形势而言，内容传媒创业已经形成了相当的规模，在不远的将来，这些自媒体的表现形式和内容创业的繁殖量，将会超过传统内容创业与传统媒体的表现量。

（5）创投创客创业。创投创客创业泛指那些将工作范畴放在一个项目的种子阶段、天使阶段和风险投资阶段的工作群体所进行的创业活动。快速建立由专业的天使投资人、风险投资人组成的教师团队并开设创投类的专业，对创投类创客进行培养，这对利用资本杠杆、在项目前期进行风险投资的创投类创客具有重要价值。

（二）创客教育实施的路径

1.高校创客教育发展定位

中国高校创客教育的发展是以各高校的学校和专业性质、各高校的优势专业以及所在城市的特色产业为参考坐标，来制定出符合各高校自己的发展优势的创客教育发展定位的。

（1）高校专业性质。高校所肩负着的教育内容与教育任务是决定其如何能够高效、便捷和多产地创造出创客项目的前提因素。不同类型高校在规划自己的创客教育发展定位时，应根据其性质来规划自己的创客教育实施方向和优化路径。

（2）优势专业。高校依托已具备的优势专业的人才生态体系来规划其创客教育实施发展的路径定位，将有利于创客项目的产生、孵化和最终成果。同时，也能促进该高校、该专业人才的培育以及科研项目的诞生。

（3）高校所在城市的特色产业。一个城市的特色产业将会形成一个大生态圈，围绕这个特色产业会聚集大量相关高端人才和优势资源，进而突破了依托高校自身的生态来网罗资源与人才的局限性，从而促进该高校创客人才和创客项目的储备与诞生。

2.高校对创客行为的支持

高校对创客行为的实际支持包括以下方面。

（1）场地支持。创客教育与创客研究是一个长期的工程，创客需要在稳定的工作环境下做一个项目，必须获得这方面的支持。学校应引入创客空间与创客小组活动产品，以利于动员全员，加入创客教育，接受创客文化，创造创客项目成果。

（2）授课支持。对高校专业的创客群体，应该为其提供系统的、完善的、具有特色的前沿性的专业创客教育实施体系，以便于创客使用总结出来的新进方法。

（3）宣传支持。学校宣传媒体与宣传阵地要高频次地进行创客教育、创客行为的引导和创客优秀人物的表彰，鼓励科研人员进行创客行为，助力专业创新。

（4）资金支持。学校除自身投入资金外，还需引入社会创投资金、企业科研资金等，使本校的创客教育在强大的资金支持下快速产出结果。

3. 高校创客商务拓展的生态资源

高校创客商务拓展的生态资源如下。

（1）政府生态资源。各高校需要深度解读政府所推出的政策，深入对接政府，顺应大势，利用政府层面资源来帮助自身创客教育的实施，助力自身创客教育和创客项目的实施与发展。

（2）科研院所生态资源。研究院和科研机构拥有大量国家支持资金，储备着大量国家层面和全球层面的优秀人才，有大量先进的实验设备与实施设备和最优的场地、资金等。要在本行业和本地区找到相关能够帮助到自身创客教育实施与创客项目落地的研究机构，去拓展、利用他们的优势资源，为自己的创客教育与创新项目落地发展开拓有效路径。

（3）企业生态资源。大部分的创客项目集中在科研产品研发和商业模式创新等方面，与企业有着天然的有机连接，要结合企业的资金、市场、信息、大数据分析、客户需求反馈，去反过来迭代自己的教育方向，丰富创客项目的功能研究。

（4）创客空间生态资源。创客空间是专门服务于创客的一个综合服务体，有办公空间，有资本辅导方面的功能，也有关于行政和社会事务打理方面的基本功能。校内的创客空间应该快速地打通各个专业的创客空间之间的壁垒，实现资源互通、资源互补，以利于高效地运用本校所具有的创客空间资源去释放这方面的资源能量。同时，要找到同行业全球范围、全国范围和全城范围内跟自己有关联、有互补、有沟通，可以进行资源输出的创客空间，开辟这方面的有效通道，以利于创客的教育高效发展和创客项目的诞生、孵化、应用。

（5）投资机构生态资源。高校创客的商务拓展是一个以市场为导向的工作。高校应发挥自身的优势和影响力，大范围地去沟通投资机构，以取得投资机构对创客教育优化的支持。

（6）院校间的联盟生态资源。各个高校都有自身的特色，都有自己优势的专业和人才优势生态圈。因此，在高校实施创客教育、商务拓展、项目落地时，一定要充分地考虑到与其他高校的优势资源进行联盟，与其他高校的优质人才并肩作战。

二、高校创新创业中创客教育实施的节点分析

（一）创客项目管理方式

中国高校的创客项目管理，从管理区域属性上可分为专业创客空间的项目管理，创新创业学院的项目管理，各专业的科研院所的创客项目管理，与其他校外研究机构、校外创客空间和其他关联单位的创客项目管理。

高校对创客的日常项目管理涉及九大方面，分别是项目准入流程的管理，创客项目管理机构的管理，项目日常运营，专家顾问团工作，经验交流，项目合作，创客基金，融资计划以及记录、评价与奖惩。

第一，项目准入流程管理。对项目的准入与准入条件的管理是项目日常管理的基本内容，也是日后资源配置、人员配置和专家配置能够实现优化的基础保障。为此，需做到三个方面：首先，要确认创客拥有公民的基本权利。如果创客是未成年人，还要在监护人的同意下才能入驻。其次，对创客的项目计划书进行有效的审核，确保其项目是符合国家经营许可、符合国家法规制度、对国家的安全和环境保护不会造成危害之后才能允许其入驻。入驻要以严格的表格化流程来进行合约精神的确认。最后，进行各项材料的审核，确认准入期限、退出机制和特殊政策，并签署入驻场地的日常协议与场地使用的说明和安全责任书。

第二，创客项目管理机构管理。创客项目管理机构应该对项目进行常规的分析、分类并进行阶段性的资源梳理，以求创客能够专心地进行项目发展。

第三，项目日常运营。项目运营组的作用是负责创客在创客空间、科研单位以及协同的创客项目所在地的日常管理工作。具体包含：①制定全部的和分类的包括特性化的创客项目的管理制度、日常运营和年度的工作思路；②策划、组织、召开有关创客的各类创新培训、日常的专家交流会和对外的资本路演；③创客项目的评估、管理、营销、技术、法务、财务的咨询；④对入驻创客空间的个人、团体和项目进行资格审核，对应用的场地、设备进行定期的维护；⑤对安全、防火进行定期检查和责任区分。

第四，专家顾问团工作方式。顾问团的主要功能是运用专家的智慧、运用行业不同领域的专家的前沿成果对创客项目进行日常服务和广谱化教育。以培训班、咨询案等形式对项目进行日常服务管理。

第五，经验交流。经验交流需形成流程化的管理，对创客的经验交流、培训和专家咨询等，应该做标准的流程、事先的备案和日常工作的管理，以避免浪费重要资源和降低工作流程中对接不畅的风险。

第六，项目合作。创客本身的创业项目，如果是自运营，那么肯定不需要合作，如果是合作项目，肯定需要与其他的公司、项目进行协调管理与运营。管理机构应授权运营组

进行前期的确认与管理，以避免在合作过程中出现风险，并确立好合作项目的责任划分、资金管理与项目的终止退出机制，使高效的创客项目在管理上走在成熟的、高效的轨道上。

第七，创客基金。对创客基金本身与创客所需资金的管理应该实行专款专用，并对专项基金的使用设立标准流程。对某一类国家特殊投入的项目资金不允许为其他项目所使用，要保证国家所确认的项目资金在使用上是透明的、可控的。

第八，融资计划。对其他机构和联合单位的所投资金也要保证其投入方向上无风险，以监管其资金投入不会被挪用和不正当使用，保证创客项目的日常运营管理的高效性，使其具有可控性。

第九，记录、评价与奖惩。应设立项目的日常记录流程，阶段性地对项目进行日常评估，对有突出表现者进行表彰，对违反管理条例者进行有效监督并追究违约责任给予相应惩罚。

（二）确定创客项目数量

确定创客项目数量的增长点和普遍规律是现阶段的一个重要任务，可从产生点、产生方法、增长点、增长方式这几个方面进行探索。

1. 产生点与产生方法

（1）产生点。产生点即创客项目数量的增长点。寻找具有普遍规律的增长点，就能促进创客项目的大量产生。

（2）产生方法。创新、创业、创造，一切始于创业，一切始于创意。创新是一个国家前进的动力，创造是国家工业的根本，创业是商业发展的动力。然而无论是创新、创业，还是创造，都需要有一个触发点，这个触发点就是创意。

2. 增长点

分析增长点可从以下方面着手。

（1）要具备强大的自传播性。对所有的参与者，都鼓励其开通移动社交媒体端口，如微信公众号、微博、微直播、今日头条等。在现今这样一个强大的自传播的环境中，要积极向外传播自己的想法和创意，与他人进行信息交流，获得信息反馈，弥补自身在创意和专业方面的缺失。

（2）与相关领域内的潜在客户进行有效的沟通。在创业过程中，让潜在客户提供最真实的用户需求和价值取向，让创意有的放矢。另外，根据用户与社会某一类需求人群的需求点，去探索那些以结果为导向的创意点。

（3）整合周边的强关系与弱关系。将身边可能会对创业有帮助的这些信息、人以及知识范畴有机结合在一起，高频次进行基于用户需求的交流，这样会在过程中激发出平时交流与思考中所不能产生的重要增长点。

（4）落实执行线上交流与线下交互的操作模式。"因为在移动互联网社交与自媒体发展繁荣的当下，线上交流能够让人们利用碎片化时间打破地域的限制，这样可以使交流变得更高效"①。由于线上存在不能面对面交流的问题，因此必须与线下的交互场景相结合。线下的交流方式有头脑风暴、专家咨询、项目路演等形式，这些形式将极大地促进创意领域的创业增长。

3. 增长方式

增长方式主要有以下方面。

（1）纵向推进的创新模板。创客在原有产生点的基础之上，通过纵向的推进，不断串联产生更多的创新项目，进行螺旋式的递进，产生无限的创造项目的点。纵向推进的创新模板从三个方面来培养创客：第一，基于丰富的知识储备与广泛的高度融合；第二，使其在事物的初始阶段就具备极强的好奇心；第三，使其对所研究的事物不要过于草率地下结论。

（2）横向推进的创新模板。创客在原有产生点的基础之上通过横向思维拓宽对知识范畴的选择范围，运用想象力对既有事物进行添加，使原有的创客项目产生很多其他的连接点，进行多产品的横向联盟，大幅增长创客项目的数量，这个模板的主要功能就是一个并联式的横向思维模式。在操作横向创新模板的时候，应该让人们对市场的深入探究有广泛的兴趣，进而横向连接重新排版，将两个、三个或五个项目横向连接在一起，这对提高创客项目的数量有很大的作用。

（3）立体生态的创新行为。所谓立体生态的创新行为，就是在某个产品的生产链条上的创新。链条是将产品服务以及信息从来源处安排到市场处所采取的一系列活动和手段的顺序。对产品的市场活动的一系列活动和手段的链条顺序进行再创新，寻找出全部的信息和增长点、产生点。重视以一个链条和一个核心的科技研发原点为主线的结合，来成批地、全产业地、全链条地促进创客项目数量的增长点。在这一个大的链条上面进行一个思考，会找出其中很多的闪光点、产生点和增长点。因为需要在产品信息需求服务来源、市场层面应用、客户反馈这个大的立体生态链条上，纵向、横向、俯视、仰视，多角度地去看，才会发现更多的增长点。

（三）创客项目质量分析

创客项目质量包括以下方面内容。

（1）控制点。控制点要根据不同专业、不同领域、不同高校的教学范本与教学模板，对创客项目的质量设置标准的质量控制体系与控制点。质量的控制点需由学校与实施人员商谈编定，并在实践中加以检验。

（2）控制方法。控制方法主要从结果出发寻找答案，倒推创造出来的创客项目，这

---

① 曾绍玮，李应. 高校创新创业教育探索与实践研究 [M]. 成都：电子科技大学出版社，2021：188.

种从源头上以结果为导向的逆向求异思维的控制质量方法，会使项目在创业设计初期就走上一条能够对接到现实应用的规范之路。

（3）能力训练。能力训练主要包括两个方面：第一，建立项目基础文件库，在创造过程中不断检测这些质控点，预防偏离质量控制的方向；第二，描绘各个质量关键创造点的鱼刺图，以在更细分方向上控制质控点，这样便于控制这些创业项目在创造性思维突进的同时不违背质量的关键点。

（4）项目路演。项目路演主要包括两个方面：第一，初级路演层次可测试项目可行性与需求性，提升项目优质率与项目团队成员的高频次交互。项目路演可分为内部项目路演与外部项目路演，这一个层次的路演是为了测试项目的可行性与需求性。集中内部参与人员进行一个正规的路演，将一个创业项目完整地进行叙述，让大家从各个方面进行评定以求提高项目的质量。开放外部的路演，也就是将非项目小组内的工作人员、非相关的人员与市场用户人员引进，使他们参与到项目的路演操作流程当中来，让他们站在各自不同的知识领域与市场用户需求的角度对项目进行反馈以及进行高频次的交互。第二，高级路演层次是对天使投资人进行的项目路演，是以项目与资本行为相结合的市场化标准来评判创客项目质量。因为评判创客项目质量的关键因素取决于能否市场化，而能否市场化的关键又取决于能否得到资本杠杆的支持，因而这个质控点非常重要。即使产品再好，项目再优秀，但若在市场推广中得不到市场的认可以及资本市场的认可，其他也都是枉然。资本的逐利性注定了他们能够从专业角度来看待一个创业项目，因此这是一个创客项目重要的质量检测点。只有这样才能够最接地气地与市场行为相结合，与资本行为相结合，进而产生高质量创客项目。

三、高校创新创业中创客空间搭建的运营

创客空间是各个不同的创客群体之间进行交流融合并且有着高效且集约功能的场所。创客空间、孵化器和联合办公室三位一体形成了当下创新创业生态体系的基础设施。创客空间的作用是帮助和支持一个具有潜力的创客或者创客群体成功地创造出一个具有社会价值的创业项目。

高校创客空间提供物理空间、基础办公设备以及税务、法务、人力资源、天使投资、项目路演等相关创业服务。高校创客空间的最大特点在于背后依托于高校的青年才俊和教育科研资源。学生创客们利用高校创客空间提供的办公场所、宣传渠道、教授辅导等服务，将一个想法变成一个产品、服务、品牌，甚至一个平台，用这种价值来服务于高校中、城市中甚至社会中的某一类需求用户。高校创客项目借助高校创客空间这一平台，通过资本的杠杆和天使投资的力量进行有效的孵化，直到能够在商业层面有所倚仗，在市场层面有所作为。

（一）创客空间的创建

高校创客空间可分为线下形态和线上形态。高校创客空间一般是以线下形态存在，多建立在校园的教学楼、实验室或活动中心等物理场所中。线上形态多以校内创客社群、创业网站和直播平台等媒体平台形态存在。

高校创客空间旨在为学校创客们营造活泼、舒适却不乏严谨理论的创业氛围，因此除了提供咖啡吧、会议场所和休闲聚会场所这类基础场所，实验室中也应该配备相关制造类设备（如 3D 打印机）、检测设备和沟通类设备等。

组成创客空间的人群主要包括创客空间管理者、创客和创客导师三大类。创客空间管理者由学校创业部门相关的管理人员担任或聘请社会中有经验的管理者；创客主要是有高校背景的教师、学生等群体，同时也要吸引校外优秀的创客入驻；创客导师既有本校资深的商科教授，也有往届毕业的杰出校友，同时还要聘请大公司高管、创业公司首席执行官（CEO）、政府领导、天使投资人等社会人士。此外，还需要有足够的资金预算支持，实现新时代的创客空间运作。

（二）产品类创客的培育

对产品类创客的培育应该进行专业化的运作和强强外联式的运营。具体的运营方法和路径应该遵循优势集约的方式。

（1）要强化自主优势。重点对受教育者进行创客精神、创业能力、创业方法的强化培训，进而培育出具备自主创新精神、拥有自主创新方法和自主创新成果的优秀创客、创客群体、创客组织。

（2）将"走出去"与"请进来"相结合，使其在某一品类或方向上的优势被充分发挥出来，让更多的专业创客及创客组织给学校中那些有创客潜力和创造能力的人员分享创客精神、方法方案和创造成果。

（3）将创业项目与资本有效结合，利用资本的力量发挥出项目的最大价值，并推广创客文化，让创客文化深入人心。

（三）众创空间的管理

在高校众创空间的成长过程中，管理是重中之重，让专业的人做专业的事总是最妥当的。高校众创空间管理的主要工作是对接校内及社会资源。第一，要有专业的团队、先进的商业模式以及法律的帮助，并将创客的想法、产品、服务、品牌与平台相结合，进行高效运营；第二，对接媒体资源，为创业项目提供市场营销与媒体宣传；第三，邀请各行业领域的杰出代表作为创业导师为高校创客进行创业辅导；第四，主办或对接项目路演和创业大赛，将高校的优秀项目展示到社会中去，以此得到更多的机会。

（四）种子类项目的输出

种子类项目的输出是创业项目与天使资本及众投的对接。运用资本的杠杆将一类产品、服务、品牌、专利和平台推向市场快速孵化，再快速服务于用户。

众创空间不仅依赖于其内部的天使资本和天使投资人，更应积极在社会上引入优秀的天使投资人和投资机构，以促进项目的频繁对接。天使对接在众创空间成长中扮演着决定性的角色，它不仅影响着众创空间的运营成果，更是能否培育出更多优秀项目的关键所在。中国高校的双创学院可以通过高效的思维碰撞，加快众创空间孵化创新产品、服务以及构建品牌平台的进程。同时，借助强大的资本杠杆，推动某一行业向产生高核心价值的产品或服务进行资本投入。因此，高校应时刻保持警觉，因为所有的创新创造和服务流程最终都旨在实现成果输出，产生一个具有市场价值的产品，甚至构建一个成功的平台。

第二节　高校"广谱式"创新创业教育发展

一、"广谱式"创新创业教育的体系构建

（一）"通识型"启蒙教育

"通识型"启蒙教育以培养学生的"创业精神"，加强学生的"创业意识"，帮助学生提高"自主工作"和"持续学习"的能力为主要目的，这种教育把培养创新创业精神放在首位的一个重要原因，就是在人们没有充足的创业精神而难以自主创业的情况下，让他们明白创办一个企业通常会走的"弯路"。在这种启蒙教育下，学生创新创业的愿望会更加强烈。

创新创业教育课程大致有两种类型：第一种主要是面向已经有具体创业意向的学生，为他们开设专门性质的教育课程；第二种是面向一般学生开设的培养型课程。这种分类是很有讲究的，但就个人而言，还要对第二类学生进行更加细致的分类。在对"一般学生"进行课程教育之后还能将其分为两种类型：一是没有自主创业意愿的学生；二是有独立创业的志向，但不打算在校期间或毕业之后立马进行创业的。因此，针对"一般学生"，创新创业教育要充分考虑到这种情况，让"一般学生"变得"不一般"。此外，这类"经由就业走向创业"的学生，在有了5～10年的工作经验后，又可被分为三种类型：第一类是完全放弃了创业的意向，只想做个员工；第二类是升职到管理层面，成为"内创业者"；第三类是成为真正的创业人员。学生未来的工作道路是不可预测的，这就在客观上重新定义了面向全体学生的创新创业"启蒙教育"实际上是对学生"创业气质"的培养。

　　"通识型"启蒙教育的方法主要是"课堂教学"和"参与体验"。课堂教学需要着重解决两个问题：第一，教学内容的问题。有关专家学者曾通过研究教学环境和企业具体实际情况之间的对比，发现学校过于注重过去，把重点放在了对信息的理解和分析上。与其相比，企业家更加注重当下，而不是一味地进行批判性分析。他们更多的时间是用在解决问题上，利用自己的经验，在处理问题中学习。由此可见，课堂教学要充分考虑企业家具体实际的学习环境，教学内容要侧重于现实，避免"厚古薄今"，聚焦于解决当下实际问题。第二，教学方法问题。在这方面，要注重利用探究式和案例式的教学方法。但是案例式教学的实际效果也并不都是好的。由此可见，案例式教学方法只是一种教学手段，最重要的是如何利用它来达到教学目的。选择教学方法的前提是将学生放在主体地位，培养学生独立自主决策和创新创造性实验的能力，以此来提高他们的创新创业能力。

　　参与体验的主要方法是举办各种类型的创业计划竞赛。"挑战杯"中国大学生创业计划竞赛是我国当代大学生参与创新创业的主要途径，竞赛每年都会吸引上万名大学生直接或间接地参与进来，了解创业的具体情况，对学生起到了很大的教育作用，并得到了各方面的认可。但是也有学者发现，这项旨在提高学生创新创业能力的活动也存在很多不足。例如，参赛过程中的主导者主要是某些精英学生，大多数学生仅仅是旁观者；比赛过程偏重形式，而忽视了对参赛者的赛前培训和赛后项目转化；比赛过程很激烈，但学生的收获不够多。事实上，这些不足之处既有赛方的组织原因，也有比赛过程中无法避免的因素，而这些问题的解决需要政府、社会、各大高校、教育体系等多方面的共同配合。

　　而对于比赛本身而言，可以将"实践导向"放在首位，形成两端拓展的局面。一方面是对赛前培训的拓展，不把比赛本身当目的，而是通过比赛促进学生的学习和教师的教学工作，因此，要落实各项赛前培训工作，把培训对象由参赛学生拓展到所有学生，在这一过程中让学生深入了解创业文化。培训指的不仅仅是教学生做创业计划书，更重要的是让学生走入实践活动中，深刻了解市场调研，得到第一手资料，不断提高学生把握机会、抓住商机、了解社会的能力。另一方面是对赛后项目转化的拓展。比赛结束后要做好项目对接和运营工作，这些能够把一个创业想法转变为商机的过程，都应该设立专门的部门来进行安排和规划。

　　由此可见，要想从更多的创业想法中获得具体成效，不能仅依靠赛事的组织者，还需要设立专门的规划部门为其注入强大的动力。一方面，可以把孵化器与科学园等作为教师和学生的研究基地，促进大学生企业的衍生，提高企业的生命力和活力；另一方面，还可以对学生开展的俱乐部、社团、创业暑假学校、创业论坛等活动大力支持，鼓励学生到创业企业去实习，深入促进"广谱式"创新创业教育的发展。

（二）"专业型"创业管理教育

　　"专业型"创业管理教育的主要目标是提升学生创业实战技能，培养其实际创办企业的能力，主要通过开办创业先锋班进行。"专业型"创业管理教育也称为"单纯的创业性教育，是创建企业的教育，是培养创业者的教育"。"专业型"创业管理教育要培养受教育者形成创业所必需的领导力与决策力、全球化的视野、敏锐的市场洞察力、务实踏实的工作作风、锲而不舍的意志品质、组织协调能力以及与人沟通的技巧，还包括商务谈判、市场评估与预测、启动资金募集等多方面教育，以使受教育者具备金融、财务、人事、市场、法规等方面的基本知识。通过"专业型"创业管理教育，这些学生能够在大学期间系统地接受创办和管理中小企业的知识和技能，提高企业驾驭能力和规避风险能力，减少无谓的失败，从而提升创业成功率。

由于"专业型"的创业管理教育是针对少数学生进行的，所以多采取开设"创业先锋班"（OBP）的方式来开展有针对性的教育。OBP课程是培养下一代具有开拓精神的企业家的特别课程。课程对学生有严格的要求，在入学时就要求学生有明确的创业意向，在通过考试和基础测试、面试等选拔环节之后，每期选定约25人组成创业先锋班。学员以自己的所学专业为基础，通过一系列独特的课程掌握会计能力、国际交流能力、信息处理能力等基础能力以及分析问题和解决问题的能力。

二、"广谱式"创新创业教育的生态建设

（一）"广谱式"创新创业教育生态系统的体系分析

高校作为"广谱式"创新创业教育生态系统的主体，是整个生态系统建设的核心。无论是外界资源输入，还是创新创业型人才与智力资产输出，都需要以高校为核心，充分发挥高校在教育方面的优势，将创新创业教育融入社会中，使创业教育理论与实践相结合，智力资产与互补性资产相对接，"有形的手"和"无形的手"相协调，真正发挥出高校作为创业型人才培养实施者、智力型资本激发引导者、创新型企业资源融合者的主体作用。由此可见，高校是整个创业教育生态系统的资源枢纽中心，也是创业者获得创业知识、创业技能，建立创业意识的重要场所。国家、社会、企业对创新创业教育的支持通过高校创新创业教育生态系统才能发挥作用，才能将创新创业内化为受教育者的思想观念，提高他们创业的能力，才能外化到创业行为上来，通过培养出具有创新创业素质的新型人才反哺创业教育的其他"生态环境因子"。

1. "广谱式"创新创业教育的运行体系

创新创业教育需要学校、社会以及政府的全体参与，是开放式的教育。创新创业教育的运行需要建立科学有序的体系。只有建立良好的运行体系才能保证创新创业教育快速、科学、高效地发展。也就是说，建设运行体系时要以长远的眼光、宽阔的视野，积极整合社会各方面的资源，为"广谱式"创新创业教育打好基础，做好保障工作。

（1）运行体系的建设应该注重对环境的创建。我们可以对国内外的创新创业教育实

例展开分析，寻求创新创业教育的发展原则，为创新创业教育发展创建有力的教育环境。与此同时，我们可以对创新创业教育展开系统的梳理，借鉴产学合作等方法，探索中国创新创业教育进行技术商业化、知识资本化的有效途径。除此之外，我们可以通过大学对区域经济建设的参与为创新创业教育营造提倡创业、尊重创业、宽容创业失败的良好社会环境和文化氛围。

（2）在运行体系的建设中，应着重研究管理机制，并将其融入学校的教学领导体制、教学工作体制，以及专业教学体制与专业教学平台中，以推动创业教育的发展。同时，需将管理机制与核心的教育课程体系相结合，进一步连接管理体制与专业学科的实践教学，从而搭建起一个有效的创新创业教育的实践平台。

（3）运行体系的建设还需重视师资队伍的建设工作。在师资队伍的建设过程中，应深入研究教师开展创新创业教育所需的基础知识和培养策略，并强化岗前培训。此外，对学生实施激励制度，表彰优秀成果，同时聘请专家对教师进行有针对性的培训，也是提升创新创业教育质量的关键环节。

2."广谱式"创新创业教育的评价体系

评价是保证创新创业教育能够持续高水平、高质量发展的前提，所以在开展创新创业教育的同时，我们必须跟进评价体系的建设。目前我国创新创业教育的评价体系存在着"时滞效应"，我们需要建立科学有效的评价指标，明确创新创业教育的价值作用和产生效果的有效边界，只有在此基础上展开的效果评价体系建设才是有效的。我国高校的创新创业教育评价体系建设的当务之急是开发一套和教育需求相匹配的评价体系，综合考量主观因素和客观因素的影响，形成整体性、模块化的评价体系。

（1）应该正确认识到创新创业教育评价体系的特殊性，充分解决教育存在的"时滞性"问题，并针对短期目标和长期目标分别设计不同的评价方案。

（2）创新创业教育的评估标准应该多元化。传统的评价以学生成绩为主，这种评价方式无法展现学生的真实水平，所以在创新创业教育的评估标准中应该加入学生参与创业的频率、创业的成功概率以及创新的数量统计、质量评估等。

（3）应该建立健全创新创业教育的质量指标体系。体系的形成有助于形成整体的指导思想，在思想的指导下进行模块化的评价指标体系建设，实现创新创业教育评价的整体性评价和单项评价功能。在此基础上与教学质量评价体系、管理评价体系、学生状态评价体系相结合，形成综合性的常态化的评价机制。

（二）"广谱式"创新创业教育的"生态环境因子"

建设"广谱式"创新创业教育生态系统是创新创业教育由初期探索向中期提升发展的必然要求，也是我国创新创业教育由自发探索转向内涵发展的必由之路。通过建立这一良性循环的创新创业教育生态系统，形成创新创业教育动态有序的生态圈，既破除了传统认知教育的格局，使创新创业教育更加主动地适应了我国社会发展的需要，又为整个高等教育的优化提供了有效支持。

在"广谱式"创新创业教育生态系统模型中，"一个主体三个因子"各司其职，分属不同的角色。高校是系统运行的核心，通过科学界定价值取向以明确基本定位，通过构建课程教学体系和实践教育体系以明确核心内容和实现途径，通过构建运行体系和评价体系以明确基本保障和动力源泉；创新型国家是系统运行的有力主导，其不仅是政策的制定者，也是政策的监督执行者，以政策和立法措施推动整个系统不断运行发展；创业友好型社会是系统运行的环境保障，所有的创业活动最终都是在社会大环境中进行的，它为创新创业教育系统既提供了硬件服务，也提供了文化舆论上的软性支持，创新创业教育的成果在创业友好型社会中才能真正发挥效用，因此说创业友好型社会是系统运行的保障环境，是整个系统的地基；创业型企业是系统运行的外围助力，是创业者需要的资金、实践和技术的可靠的支持者。

1."广谱式"创新创业教育生态系统建设的主导力量

"广谱式"创新创业教育生态系统建设的主导力量在于高校。高校作为高素质人才培养的重要阵地，是国家推动创新创业教育的主体力量。首先，高校通过构建以自身为核心的创新创业教育生态发展机制，能够进一步深化校内创新创业教育资源整合，形成"高职院校即创业园、创业园即高职院校"的一体化结构。其次，高校在建设过程中，积极与企业、政府合作，构建以高校为核心，企业、行业和政府为卫星的外部生态系统，实现资源的有效融合与共享。此外，高校还需借鉴"企业生态系统组织与管理思维"，确保创新创业教育运行机制既符合公共产品属性，又具备商业盈利属性，从而推动"广谱式"创新创业教育生态系统的持续健康运转。综上所述，高校在"广谱式"创新创业教育生态系统建设中发挥着主导作用。

2."广谱式"创新创业教育生态系统建设的文化环境

创业环境的好坏直接影响着创业倾向、创业机会和创业能力的发挥。社会创业环境和所能提供的创业服务对受教育者创业实践的支持和帮扶程度，直接决定着创业行动的顺利程度。社会是"广谱式"创新创业教育生态系统的"大气层"，影响着创新创业教育的实践效果，为创业者的实际行动提供了必要的环境保障。具体而言，社会对创新创业教育的影响主要表现在社会成员的创业观念和创业成就对受教育者的创业意识和行为选择的影响。

社会对创新创业教育的作用主要体现在文化支持和服务支持上。一方面，作为创业实践的主阵地，拥有良好的文化和舆论氛围的社会有助于提高创业者的积极性和创业倾向，对创业者予以最大限度的理解和支持，能够点燃创业者的激情，进而驱动创业行为；另一方面，社会为创业者提供的创业服务、资金扶持、信息供给都是创新创业必备的条件，这些文化和服务在精神上和物质上为创业活动的实施提供了可能。如果说学校的创新创业教育给予创业者创业知识和创业技能，让创业意向成为一颗亟待发芽的种子，那么创新创业教育社会生态因子就是让种子发芽和生长的阳光雨露，其为创业行为提供养分和空间，为创业者实现创业目标提供必要的支持条件。

（1）文化支持。良好的创业文化环境可以推动大学生创业活动的开展，社会各界应形成尊重创业、支持创业的良好社会氛围。

1）树立正面的创业教育社会舆论。社会应消除对创新创业教育的认识误区，改变对创新创业教育急功近利的认知。要改变社会大众特别是学生家长认为创业是学生无业可就、不务正业、退而求其次的选择的不正确认识和观念，要加强宣传，在全社会形成创业光荣、创业可敬的风气，支持大学生的创业计划，理解他们的创业行为。

2）在全社会形成正确、积极的创业观。要树立大创业观，即大学生办企业，发展经济，满足人们各种需求是创业；在平凡的工作岗位上开拓进取，建功立业，为国家做贡献是创业；到祖国最需要的地方，到西部和农村就业、创业，运用所学的知识推动当地经济社会的发展也是创业。提倡大学生自主创业，树立大创业观，旨在促进创业和创业教育形式的多样化。浓郁的社会创业文化有助于减轻大学生创业的精神压力，帮助他们克服舆论压力，激发大学生的创业热情。

（2）公共服务支持。"广谱式"创新创业教育需要多方支持。资金、人际关系、市场环境和社会阅历是影响创业的最主要的客观因素，而市场意识、创新精神、责任感和合作意识被认为是影响创业的最主要的主观因素。在这些主客观因素的影响下，大学生对目前创新创业教育的公共服务同样存在很多疑问。相较其他创业群体，大学生在创业资本、创业经验、创业技能等方面都较为薄弱，进入市场创新创业常遇到办照难、打交道难、享受优惠政策难等问题，这就需要在社会层面建立和完善创新创业教育的公共服务体系，将政府政策、企业支持及高校的教育成果在一个平等的环境下给予大学生，设立创业信息服务、咨询服务等平台，对有创业欲望的大学生能够给予校外的政策咨询和创业指导，给予大学生最新的创业项目信息，提供创业测评、创业模拟等服务，发挥公共服务平台在构建大学生创业的舆论环境、文化环境、制度环境方面的作用，吸引更多有志者投身创业实践。

综上所述，"广谱式"创新创业教育生态系统是一个互惠互利的良性循环系统。高校是整个系统运行的核心，在这里，创业者接受创业意识、知识、技能的培训，同时高校将国家、社会、企业的能量转化为教育支持力量，作用在学生身上，从而输出更多创新创业型人才和高精尖技术成果，这是高校自身适应高等教育改革的需要，是对高等教育基本职能的充分发挥。对于国家而言，高校最终的创新创业教育成果有助于创新型国家建设，这是创新创业教育生态系统推动国家发展的应有之义。校企合作一方面为企业未来发展储备了创新创业型人才；另一方面高校的高新技术成果也打破了企业单方面研究能力不足的桎桔，实现协同创新。对于社会，高校创新创业教育生态系统的教育成果符合社会的人才发展需要，同时兴起的创业文化能点燃人们奋斗的激情，传递社会正能量，促进社会良性发展。

三、"广谱式"创新创业教育的实施路径

创新创业教育是国家建设进程中应运而生的适合当今时代发展需求的新型教育理念。创新创业教育是对传统教育进行的改革，是我国发展的内在动力，可以培养大学生的创新思维和创业意识。创新创业教育提出了"广谱式"的教育理念，这种理念涉及所有的学生，并且和传统的专业教学进行了深度的融合，是我国当前高校应用的一种全新的教学模式，它也代表了我国创新创业教育未来的主要发展方向和趋势。"广谱式"创新创业教育可以被有效地融合在课内教学和课外实践当中，实现理论到实践的全覆盖，可以带动我国教育的实践创新。除此之外，"广谱式"创新创业教育模式对于学生综合能力的培养是非常有帮助的。可见，创新创业教育是提升大学生创新思维和创新能力的重要教育方法。

第一，创建"广谱式"创新创业教育平台，以学校的创业实验室搭建和训练中心建设为平台建设的基础。学校是大学生进行创新创业的主要场所，学校的教学资源是大学生进行创新创业教育的有效保障，而且大学还可以有效地整合社会资源，包括企业资源和政府资源等。高校可以通过资源的整合实现实验室和训练中心的建设，以实验室和训练中心为创新创业的实践平台，为大学生开展创新创业提供技术支持和服务支持。

第二，建立健全学校的创业教学体系，培养学生的创业意识。创业教学内容的选择应该以教学需求为标准，注重理论教学和实践教学的结合，应该在专业课程的教学过程中融入创新创业教育内容。在这方面可以积极利用学校的信息技术和网络平台开展课堂模拟教学，通过网络开设创新创业教育公开课，分享优质的创新创业教育资源。例如，湖南大学建设了虚拟的创业学院，使用"2+X"的教学模式，将实践教学融入创业教育内容中。除此之外，还可以邀请具有丰富经验的创业家、企业家加入学校的教师队伍，传授学生创业经验，带领学生参观真实的企业运作，了解创业流程，丰富创业认知，培养学生的创业意识。

第三，应该加强创新创业教育师资队伍的建设，进而提升创新创业教育的整体教学水平。教师是教学的中坚力量，师资队伍的建设对于创新创业教育的开展有重大的影响。高校应该重视师资队伍的建设。首先，应该制订整体的师资队伍发展规划，对教师进行定期的知识培训，建立评价体系、考核指标；其次，应该增加和企业之间的合作，聘请企业中经验丰富的创业者向学生传授创业经验。例如，浙江省实施了创业导师培训项目，通过对创业教师进行定期的培训，提升教师师资队伍的水平。除此之外，还应该鼓励学校聘请创业家、企业家，并且对创业导师进行全方位的培训，将师资队伍发展成高水平、高质量的创新创业教育师资队伍。

第四，应该形成多元化的创新创业教育联盟，推动创新创业教育的快速发展。创新创业教育的出现影响了我国的教育模式，为了实现更好的教育，我们需要建立不同主体之间

的深度合作，形成协同创新创业的新理念。创新创业教育应该融入人才培养机制中，并且建立科学有效的评价指标、评价标准。同时，高校是我国教育发展的主要主体，其应该积极激发创新创业教育的主观能动性，充分整合社会资源，设立创业基金、建设创业基地，投入多种多样的资源，形成稳定的、多元化的协同创新创业联盟。

第三节　高校创新创业教育多元孵化实践方式

随着新时代的到来，依托"互联网+"，高校应积极发展众创、众包、众扶、众筹等新模式、新业态，加强创新创业与市场需求、社会资本等的对接，建立多方参与的高效协同机制，丰富创新创业组织形态，为社会大众广泛平等参与创新创业提供更广阔的空间和多元化的途径。针对大学生创新创业多元化孵化开展的研究，有利于帮助并扶持大学生进行自主创业，进而缓解就业压力，促进国家经济持续发展与繁荣，具有重要的现实意义。

创业孵化器需要整合政府、高校、企业及个人等多方面的力量，为创业者提供办公场地、技术培训、政策扶持、资金申请等各种资源及服务，促进优秀的创新创业项目、先进科研成果等的转化，提高创业的成功率。

一、高校创新创业教育多元孵化平台的构建

大学生创新创业计划项目、各类创新创业竞赛选拔项目等都是创业项目的来源。应加强对创业项目的评估，真正选拔出符合创业实践条件的项目进行孵化。针对不同技术特点、团队类型的创新项目采用不同的创业扶持方式。对风险高、周期长、资金需求量大的项目，可以采用与企业合作的技术许可、技术转让、技术入股等多种孵化模式。对一些技术含量高、有发展潜力的孵化项目，孵化基地需加强后续支持服务。针对大学生创新创业的现状，各高校纷纷建立了大学生创新创业基地及高校科技园，有力地支持了创新创业项目的持续进行，对大学生创业孵化起到了助推作用。

二、高校创新创业教育多元孵化平台的宣传与完善

高校要通过创新创业课程、学校实践活动宣传，以及互联网的各种渠道加强对孵化平台的宣传，让每个创新创业者都熟知孵化平台的作用，了解相关政策及其所能提供的服务。结合产学研的校内外资源，建立和扩大多元化的大学生创业协同孵化平台，构建完善的项目孵化流程和考核体系，保障和吸引社会优良企业对初创项目的投资。同时，应为创业者提供简化的各项流程，落实国家、省市、学校的各项优惠政策，更好地为创业者和创业公司提供服务。

第四节　高校创新创业教育的可持续发展路径

一、促进产教融合政策更好落实，激发社会积极性

产教融合使得经济发展迈向了新台阶，成为我国经济高质量发展的重要环节。产教融合政策是能够促进高校、企业发展和实现良好社会效益的好政策。因此，想要实现创新创业教育的可持续发展，就需要促进产教融合政策更好地落地，激发社会的积极性。第一，将产教融合政策落细落实。各级地方政府对高校、企业和社会中其他有关团体，因地制宜、因时制宜，做好配套措施和实施细则。第二，做好政策之间的协调。首先，做好中央产教融合政策与地方相关措施和细则之间的协调，既要强化中央政策的指导，也要做到因地制宜；其次，做好高校教育政策、企业营商政策等多种政策体系之间的协调，充分激发企业活力与积极性。

二、加快校企合作的模式创新，提升企业参与度

校企合作是在国家有关政策的基础上，使高校和企业两个主体在信息、资源等方面进行充分融合，从而发挥出"1＋1＞2"的效果。从学校方面来看，通过校企合作，首先，使具备专业知识的人才与产业发展密切相连，能够建立起地方经济发展的长效机制；其次，可以将企业实践的成果带入教材和课堂中，让学生在实践中加深对专业知识的理解和应用；最后，企业可以为学校实验室等重点项目提供资金支持，畅通研发与应用通道，能够更快地将研究成果进行转化。从企业方面来看，通过校企合作，不仅能够为企业带来更多的技术人才和项目研究资源，也能在一定程度上促进企业的优化升级。但是，由于高校与企业之间存在的理念、组织模式等不同，校企合作仅停留在表面。因此，要推进国家高等教育发展、实现经济产业升级，就需要在既有校企合作的基础上，加快校企合作模式的创新。除了签订就业协议等合作合同外，还要进一步探讨企业和高校重点项目、重点实验室等的扶持合作，让企业充分参与其中，认识到自身的价值所在，提高企业参与度。

三、加强创新创业教育课程教学思路，提升学生素养

创新创业课程多以公共课为主，使得创新创业教育未发挥其应有的作用，具体从以下方面探讨。

第一，要整合资源，将创新创业教育融合进专业教育的整个过程当中。首先，增加创新创业教育课程专业教师。可以是聘请的专职教师，也可以是与学校合作企业的主管、工作人员，这样既能传授专业知识，也能在一定程度上把握创新创业发展现状与未来的实践趋势。其次，要促进知识的融合。将创新创业知识与专业知识融会贯通，作为专业人才培

养的评价标准之一。最后，要丰富教学和实践方法。根据学科特征和学生兴趣，探索适合学生的教学方式，激发学生对创新创业课程的学习热情。

第二，将人文素质教育融入高校创新创业教育当中。人文素质教育主要包含人文知识、人文技能和人文精神的培养，与创新创业教育在目标指向与具体内容方面存在一定交集。首先，重点关注学生创新创业精神的培育，以此激发学生的创业兴趣，为学生完成创新创业教育课程的学习与实践探索注入动力，培养学生勇于创新、开拓进取和踏实努力的精神；其次，将人文教育纳入创新创业教育体系当中，使创新创业教育过程更具开创性和启发性，以此提升学生对创新创业教育的认可度与接受度。

第五章　高校创新创业人才培养的体系与实施

第一节　高校创新创业人才培养的业务规格

一、突出实践的能力

如果企业的创业者已经具备了创业方面的理论知识和实践知识，那么在这样的情况下，创业者应该将理论知识和实际知识进行整合，在实际的工作过程中应用理论。只有在实际活动中应用理论，才能够提高将理论知识转换成实际的创新能力，只有这样才能保证学以致用，也只有在应用的过程中，主体才能激发自己的独立思考，运用自己的创造性思维去分析问题，在全面分析的基础上提出解决问题的具体办法，获得解决问题、处理问题的相关能力。

二、创新意识较强

第一，创新思维要新颖、独特。在培养创新创业人才方面，要求创新创业人才突破社会的限制，提出新颖的、独特的见解。与他人不同的创造性想法、创造性方案能够获得更好的经营效果。

第二，创业意识应该敏锐。创新创业人才在开展相关活动的过程中，具有创业意识是其能够开展活动的最大动力。具体来讲，创业意识包括善于发现商机的意识、能够把商机转换成生产力的意识、能够形成创业战略的意识、对风险的规避意识、爱岗敬业的意识等。创业意识主要有：不满足于当前的发展现状、想要追求更加成功的创业结果、对创业始终有浓厚的兴趣、有相对稳定的创业理想。

第三，创业技能应该熟练。要想成为创新创业的人才，就必须具备创新创业的技能，只有掌握了理论知识，才能在实践活动中不断地实现创业的经济价值，才能不断地应用新的方法，获得新的创业成果。对于创业人才来讲，应该体现出高涨的创业热情，应该有一定的创业能力，在专业技能方面应该达到精湛的水平。

第四，商业经营意识应该灵敏。创新创业人才要想企业长久的发展，就必须及时抓住市场中的机遇，有足够灵敏的商业经营意识，能够从宏观整体的角度分析经济环境，判断市场经济接下来的走向，能够及时地将创新意识转化成商机，以此来保证企业获得持续的发展动力。经营意识的灵敏性要求创业者会审时度势，能够灵活地制定经营策略，还要运用金融理论衡量企业经营中的利弊，与此同时，还要进行诚信的经营。

第二节 高校创新创业人才培养的具体模式

一、高校创新创业人才培养模式的特点

我国创新创业人才培养模式总体而言有以下特点。

第一，创新创业激情较高。大学生创新创业的意愿普遍较高，想去创业的大学生较多，怀揣着创业梦想的大学生较多。

第二，创新创业领域较宽。目前经济飞速发展，市场正在不断丰富，行业领域也更加的多元化，如高科技领域、AI 智能领域、个人工作室、服装领域、第三方服务咨询、食品加工等领域都是当前正蓬勃发展的领域。

第三，对于创新创业更加理性。对于创新创业更加理性这种态度具体体现在对创业项目的选择，不再盲目地选择市场新兴的或是热门的产业，而大多是根据自己创新创业的目标来进行行业的定位，从而更好地充实自己的创业知识，提高自己的储备创业能力，创造更多的创新创业条件。

第四，政府部门高度重视。随着创新创业教育这一概念的不断提及，政府部门对此也表现出了高度重视的态度，为鼓励学生大胆进行创业，制定了许多对他们有益的政策，给予了一定的扶持，为他们创造了一个重视创业的良好环境，促进了高校创新创业教育工作的积极开展。

第五，教师教学手段更加多样化。在创新创业教育课程的开展中，教师不再局限于"学生听教师说"的课堂模式。发展了更多的教学手段，如将课堂与实践相结合，带领同学进行角色模拟，参加创业大赛，甚至是到企业实地见习。又或是在课堂上采用案例分析或是师生互动来调动学生的积极性，全面开展创新创业教育。

第六，创新创业教育的项目化。创新创业教育的项目化是指将创新创业教育通过竞赛项目和科研项目两个角度展开，通过教师组织指导和学生积极参与各种竞赛、教师科研项目，从而有效提高学生的创新创业能力。

二、高校创新创业人才培养模式的理论

创新创业人才培养的目标在于，培养具备最基本的创业素质和开拓精神的人才，也就

是从精神层面出发，使学生先拥有一定的创新意识，进而落实到实践层面，即获得创新能力和创业技能。创新创业教育强调知识的传授、使用和转化，倡导学生在深厚的知识理论支撑上活学活用，是有的放矢的开展创新创业活动，而不是为了创新而创新，只注重表面形式、毫无底蕴支持的形式教育。

（一）成就需要理论与需要层次理论

所谓"需要"，主要是指个体在精神或生理上感到某种缺失或不足时渴望获得满足感的一种常见的心理倾向，"需要"对人而言是较为重要的，这种心理倾向是支撑个体实践活动的活力源泉。人作为实践和精神活动极为发达的实体生物主要有两大需求：生存与发展。换言之，人在谋求生存的同时还需要追求高品质的生活和有价值的生命，生存需要是人的基本需求，发展需要是在生存之上追求价值和认同、爱和归属的更高层次的精神需要。这些需要往往产生于人们在面对现实生活感到不满足时，进而就会催生人们改变现实、改善生活的意识，这种意识能转化成强大的精神力量，推动个体将所思所想付诸行动，简言之，"需要"能推动个体的实践活动，具有丰富的现实价值。

人类的"需要"是多样的，然而，并不是所有"需要"都能转化为推动现实实践活动的强大精神力量，那些尚未形成清晰意识的，强度较弱的"需要"只是一种模糊的、不成熟的意向，并不能转化为强大的精神力量，也不能发挥任何的推动作用。许多大学生虽具有创业意向，但这种意向需求却是模糊不清的，他们缺乏正确的方向引导，也没能树立清晰的目标，因此，大多数学生的创业意向都没落实。由此可见，创新创业教育的开展很有必要，而且应当树立更加明确的目标，即为学生提供创业帮助，通过系统、专业的指导帮助那些具有创业意向的大学生找到清晰目标，强化大学生的创业需求，让其形成清晰、有力的创业愿望，进而激活深层意识，引导学生将愿望付诸实践，积极接近目标。简言之，创业教育就是推动学生把创业意向转化为创业动机，最终落实到创业实践的教育活动，它是推动大学生实现创新创业的助推器。

人本主义心理学的"成就需要理论"认为人们往往会更加倾向于去做那些具有一定难度又颇具意义的事情。另外，马斯洛的"需要层次理论"则更加细致地将人们的需求分为五个层次，即生理需求、安全需求、社交需求、尊重需求和自我实现需求，这五个内容由低到高、层层递进。作为需求层次中的最高一层，自我实现需求显然是一种物质需求得以充分满足之后的精神追求，是人们对自我肯定的一种极致体现，有利于自我的持续发展和人格完善。总言之，这五种基本需求是人类与生俱来的，它们能共同激励个体行为，对人的实践活动具有引导作用。

从理论上讲，只有较低一层的需求得以满足，人们才会进一步追求更高一层的需求。由此可见，生理需求即人类最原始、最根本的需求，如吃饭、饮水、呼吸等需求都属于生理需求。安全需求顾名思义就是人类对安全稳定的环境的需求，有秩序的稳定环境能保护人们免受伤害。社交需求是指人们在人际交往方面的需求，包括社会环境和家庭环境等诸多方面，人类具有一定的群居性，故而交往需求必不可少，在与人交往的过程中，人们的感情得以寄托，如交友、恋爱等都是这种需求的主要呈现形式。尊重的需求包含两方面：一是人对自己的尊重，即自尊；二是人获得来自外界，即他人的尊重，这两种尊重有助于人们在日常生活和社会交往中提升自信，使其生活态度更加积极向上，从而为激发其创新意识和提高创新能力提供可能。自我实现需求可以简单地理解为一种自我展示的需求，人在追求理想的过程中是渴望自己能够发挥一定作用的，这也就是对于自我价值得以实现的一种渴望。

另外，这些需求有明显的等级划分，生理的需要是最基础的初级需求，其他四类需求依次递进，层次逐级递升，且某一层次的需求满足后，就会向更高层次的需求发展，次层次的需求被满足后并不会消失，而是会与更高层的需求并存，只是对人的行为影响降低，因此，人的需求并不是单一呈现的，人在同一时期往往同时有多种需求，不同时期的需求也会有所改变，且在同时出现的诸多需求中始终有一种需求占主导地位，决定着人的实践活动。一般而言，这五种需求可大致归为两个大类，即较低层次的需求和较高层次的需求。其中，生理需求、安全需求和社交需求属于较低层次的需求，因为这是偏向物质方面的；而尊重需求和自我实现需求则属于偏向精神层面的较高层次的需求。需要注意的是，人对这种高层次的需求是无止境的。但这种层次划分并不是完全固定不变的，在一定条件下，需求的层级会随着人的具体需要产生变化。

目前高校毕业生对于生活的追求，事实上几乎涵盖了马斯洛需求理论中的所有层次。例如，他们希望毕业之后找到一份收入可观的工作，这是其生理需求的反映；他们希望工作环境稳定无风险，这是其安全需求的反映；他们希望与同学或同事相处融洽，进而建立起和谐的人际关系，这是其社交需求的反映；他们还希望在学习或工作过程中可以尽可能地施展自己的才华和能力，进而得到别人的认可或仰慕，这是其尊重需求和自我实现需求的反映。而创业不仅能实现大学生基础的生存需求，还能满足其发展和精神需求，也就是说创业能帮助个体满足自身的五种基本需求，尤其是能让个体的自我价值得到最大实现。

因此，高校开展创新创业教育，提高学生的创业意识和创业技能是十分必要的，创业教育不仅能帮助学生增长才干，实现自我价值，还能为社会发展提供人才支持，实现个体与社会的共同发展。

（二）系统科学论与人力资本理论

1. 系统科学论

贝塔朗菲赋予了"系统"重要意义，并进一步形成了明确的、科学的定义。"系统"在现代社会是十分常见的，它是现代社会的概念中心，社会生活所有领域的新概念、新观点、新思想的产生都是以"系统"为中心的。贝塔朗菲认为，系统的含义在于对一种相互关系的强调，任何看似彼此独立的事物之间，一旦建立起了适当的相互联系，那么它们就被看作一个整体而加以研究，此时这个"整体"的概念即所谓的系统。"系统论"所蕴含的思想也正是这种整体思想，即将需要被研究的事物看作一个有机的整体，在整体的基本前提之下力求个体与群体、局部与全部之间的和谐统一，不断探索系统与环境、要素之间的关系，进而把握规律，优化系统。"系统论"主张所有系统都具备四大共同特性：整体性、层次性、结构性、开放性。基于"系统论"可以发现"系统论"自身的适用范围广泛，从"系统论"的角度出发，系统是普遍存在的，世界上的任何事物都可以看作系统。

将"系统论"引进创新创业教育，可以将创新创业教育看作一个完整系统，社区环境、社会环境等就是系统的外部环境，这种外部环境实质上掺杂了一定的人为因素。简言之，出于人才培养的目的，创新创业教育相关工作者会有意识地营造具备社会性质的氛围，或者带着功利目的去融入社会环境，此时的社会环境就相当于是一种"人工环境"。但事实上，创业者实际面临的社会环境却是没有教育者人为干预的"自然环境"。创业者结束学校教育后需要从理想的"人工环境"走向复杂的"自然环境"。

这样的环境转变差异较大，复杂真实的现实创业环境，与学校中的环境在性质、方向上都有极大的差异，这种差异迫使受教育者脱离理想化的心态，进入真实环境不断分析、判断、选择。这种转变一方面对创业者提出了更高要求，促使创业者不断提高自身心理素质，不断增强实践能力；另一方面也对学校创新创业教育的外部环境的设置提出了要求，"人工环境"不能脱离"自然环境"，二者应当保持密切联系。

总而言之，创新创业的成功不仅有赖于创业者自身综合素质和综合能力的提高，还与社会环境等良好的外部环境有着密不可分的联系。由此可见，创新创业教育想要达到预期的教育成果需要广泛的支持，仅仅依靠教育部门或者学校是远达不到培养创新创业人才这一目的的，创新创业教育一方面需要教育内部各要素的相互配合；另一方面还需要外部环境，如国家、社会、企业等支持，创新创业教育是一个庞大而复杂的工程，需要多种因素共同协作，才能推进教育活动的有效实施。

2. 人力资本理论

人力资本理论诞生于 20 世纪 60 年代，由美国经济学家舒尔茨和贝克尔共同创立。但在这之前，人力资本的相关思想早已存在。例如，早在 1776 年，《国民财富的性质和原因的研究》一书指出：知识和技能这种"无形"的个人所有物，事实上也应该被当作社会财富的一部分。究其本质，知识和技能这些东西也是个人通过自己的劳动所收获的，故而理应和财富位居同等的地位。然而，1776 年以后，大多数人仍将资本这一概念局限在非人力因素上，虽然也有将人（作为劳动力的人）和土地、资本共同视为重要的生产要素的观点，但实际上还是把人排除在资本之外，并未将个人获得的知识和技能看作社会资本的一部分。直到 20 世纪中叶，科技和生产力的不断进步让人力资本的重要作用逐步显现，经济学家们才开始关注到人力资本，并对其进行系统研究。

人力资本包括了人们自身拥有的知识和技能，以及其在劳动过程中的具体体现。舒尔茨主张资本由人力资源和物力资源两方面构成，这两类资源既有共性也有个性。首先，人力资源和物力资源都与投资这一环节息息相关，这是二者的共性；其次，相对物力资本而言，人力资本的运用会更加灵活，基于人际交流的特殊性质，人力资本往往会取得更加高效的成果；最后，人力资本作为个体本身所固有的财富，是一种偏向精神层面的特殊产物，并不能像一般的物力资本那样任意转让或外借，这造就了人力资源与众不同的个性。

人力资本作为一种人才质量方面的投资，对于经济生产起着非常重要的作用。从这个层面来讲，关于人才质量提升的重要性也就不言而喻。而关于人才质量的提升，其最根本也最直接的途径就是教育。西方学者认为教育也是一种投资，它能直接影响社会经济增长，因为经济增长离不开劳动力的作用，教育能有效提升劳动力的质量，进而促进劳动生产率的提高，可以说教育是一种生产性投资。国家之间之所以会有强弱之分，很大程度上在于其人口和劳动力的后天能力表现存在差异，而一个国家的人口与劳动质量的差异实际就是后天获得的能力差异，这种后天能力的获得离不开教育，人们通过教育能掌握丰富的知识、技能，还能有效提升个人的文化修养。因此教育对于一个国家和民族而言是十分重要的，它不仅影响经济活动，还能推动政治、文化的演进与发展。

1989 年，面向 21 世纪教育国际研讨会在北京成功召开。会议以教育为核心议题，深入探讨了影响教育的诸多因素。其中，澳大利亚的埃利亚德博士在会上首次提出了"创新教育"的概念。在"创新教育"中，创新创业教育与学术教育和职业教育具有同等重要的地位，它是学生在学习生涯中一个新的方向，与传统学术教育和职业教育相比，它是培养适应现代社会的人才的有效途径，对提高学生的个人能力和综合素质起着关键作用。高校创新创业教育的基本意义和终极目标，是深入分析一系列有关创业的理论知识，从而使学生认识创新创业的本质，获得创业所需的必要技能，并增强积极的、健康的创新精神和创业意识，有效地培养学生从事实出发的创业能力、策划创业活动的能力，有效地提高学生的创业基本素质。

系统的创业教育一定程度上能弥补创业经验的不足，能有效开发创业者的创业技能，受过良好创新创业教育的大学毕业生，一旦在创新创业的过程中遇到经营上的艰难险阻，首先想到的必然不会是退缩和放弃，而是迎难而上，有意识地思考和采取积极有效的措施解决问题，最终力挽狂澜、化险为夷。这种逆流而上的精神是创新创业教育的结果，也是创新创业过程中所需要具备的基本条件。因此，加强创新创业教育对个体和社会的发展都具有重要意义。

三、高校创新创业人才培养模式的策略

创新创业教育是促进学生全面发展的教育，其目的是培养符合新时期需求的社会主义建设者与接班人。创新创业教育要想实现积极、健康的发展，其关键还在于人才培养的质

量提升。因此，创新创业人才教育务必始终坚持"以人为本"的教育原则，不断丰富和完善有关创新创业人才培养的方法和途径，从而保证个体和社会的长足发展。

（一）创新创业教育的路径选择

创新创业是一个风险与收益并存的社会行为，有时它能帮助创业者迅速获得成功，但有时即使创业者付出巨大的努力也收获甚少，因此，高校在对学生开展创新创业教育活动之时，还要给学生树立正确的创业观，让他们正确认识创新创业。具体而言，创新创业的价值观主要有三种：一是纯粹的经济利益观；二是自我价值实现观；三是社会责任观，这三种价值观在现实社会中一般是相互交融，共同存在的。

创新创业教育，首先，需要帮助学生培养辨识能力，帮助他们认清哪些事情可以做，哪些不能做，并且积极鼓励学生从事正确的事业，通过诚实的劳动获得经济回报；其次，引导学生树立远大目标，在满足初级的经济、自我价值需求后，还需要向高层次的社会责任需求过渡；最后，创业教育还需要培育学生敢于挑战、不惧失败的精神，创业之路往往伴随着挫折与失败，要提升学生的创业品格，让他们在艰辛的创业之路上有坚持不懈、勇往直前的意识。

（二）创新创业教育的路径设计

不同类型的学校在落实创新创业教育时，当然要体现层次性与差异化。高校也应适应经济社会发展与高等教育的实际情况，进而准确定位，并在创新创业教育的探索与实践中结合自身的发展定位，系统开展各方面工作。

1.明确目标路径，做好创新创业教育的顶层设计

（1）把握创新创业教育的丰富内涵。创新创业教育是适应经济社会和国家发展战略需要而产生的一种教学理念与模式，以培养学生的社会责任感、创新精神、创业意识和创业能力为核心，培养出能实施创新型创业活动，为社会带来经济效益和提供就业岗位的人才资本。关于创新创业型人才的特质，大多数人认为：创新创业型人才必须具备品德好、才智高、胆魄大等素质，富有创新创业精神和成熟的企业家思维，敢于在不同的社会领域，以自己的创造性劳动去认识并改造世界，且能对人类进步和社会发展做出较大贡献。

教育者往往对创新创业教育做了比较狭隘或偏颇的理解，即简单地把创新创业和发明新事物、创办新企业这样的概念等同起来。事实上，创新创业教育的根本目的并不在于将每个学生都培养成有所作为的企业家，这也并非创新创业教育开展质量的评判标准。每个人都有各自的擅长领域和理想追求，从这个角度讲，无法引导所有学生至经商的道路。由此可见，如今被大力倡导和普及的创新创业教育，必然另有其深刻的含义。事实上，前面已经有所提及，当下的高校创新创业教育在很大程度上侧重于对学生创新创业意识的培养，创业技能训练的最终指向也在于精神层面，即培养学生与创新创业相关的一系列积极进取

的精神，从而让学生在未来的职业生涯中更好地发挥自己的人生价值。

（2）明确创新创业教育定位。创新创业教育的开展，既是为了促进个人的能力提升，也是为了促进整个社会的长足发展，这与其他学科教育殊途同归。因此，创新创业教育有必要和专业教育充分结合起来，广泛渗透于学校的各类专业教育中，面向全体学生开展创新创业教育，任何教师、任何学科都能成为创新创业教育的实施载体，通过课程实践和课程教学将创新创业知识传递给学生，而不是单凭创新创业教育这一个方向的教师力量来实现。其他学科的教师虽然不能给学生提供太多关于创新创业方面的经验和知识，但是可以时时刻刻向其灌输创新创业的思想，使学生在浓厚的创新创业氛围中不断提高自觉性和主动性，进而不断进步，乃至朝着创新创业的道路发展。创新创业教育既要对学生群体的学习生涯负责，也要对教育事业的发展进程负责，任重而道远。

当创新创业教育面向全体学生时，高校的相关课程设置和时间安排也有必要更科学合理。在科学合理的教育规划之下，即便各个学生的兴趣爱好或发展情况不同，也终会在浓烈的创新创业氛围之下有所启发和收获。

总而言之，创新创业教育对于高校教育意义非凡。从教育事业的发展角度来看，创新创业教育有利于培养出更多符合时代发展的新型人才，也有利于持续推进我国教育领域的改革进程；从学生个人成长的角度来看，创新创业教育有利于加强学生的创新意识和提高学生的实践能力，从而保证学生的优势得以充分发挥，兴趣得以发展，最终在职业生涯中使自己的人生价值得以充分体现。无论从哪一方面来看，创新创业教育都是促进高校教育走向高效率和高质量的重要途径。

（3）健全领导体制与工作机制。在构建工作体系和工作机制方面，高校教育也应当充分考虑创新创业教育精神的灌输和创新创业氛围的营造。例如，安徽的新华学院自上至下分别成立了多个与创新创业教育相关的管理部门，校长、学院领导、学生群体等均参与其中，从而形成了横向覆盖和纵向连贯的全面性发展网络，使全体师生都融入创新创业教育的科学管理。

2. 落实人才培养目标，构建创新创业教育新模式

高校在人才培养方面不断向需求特色化发展，创新创业教育则是高校特色育人的突破点之一，如安徽新华学院的全方位、特色化、体系化的"3+2"创新创业教育模式。其中"3"为纵向创新创业教育体系，以创业意识教育、创业模拟教育、创业项目实践为主线贯穿大学生学习的整个过程；"2"则为横向创新创业教育形式，与专业建设相结合、与教师产学研相结合。

（1）在教育面向上，做到"全覆盖"。创新创业教育的普及不仅需要全面，更加需要趁早。将创新创业教育与高校的学科专业教育充分结合，有必要落实到高校新生群体当中。使学生从一进入大学阶段就充分接触创新创业教育的思想和启迪，有利于创新创业教

育的深入贯彻和长足发展，从而逐渐实现创新创业教育在高校教育中的全覆盖。

（2）在培养计划上，实现"全过程"。创新创业教育的发展应该从新生群体开始落实。如此一来，创新创业教育的内容就自然而然地贯穿学生大学生涯的始终，故而在学习内容上也要注意层层递进的连贯和深入。例如，对于新生群体，创新创业教育的内容应当以知识普及和意识培养为主；对于较高年级学生，创新创业教育的内容则应侧重于模拟训练和理论深入；对于毕业生而言，创新创业教育的内容侧重于实践操作等更加切实有用的方面。各个阶段有各自的侧重点，纵向连贯起来又有层层深入的效果，因此能在培养计划上实现"全过程"的目标。

（3）在教学安排上，实行"分阶段"。依照以上"全过程"的学习思路，此处的"分阶段"也就大致从意识培养、模拟培训和实践操作三方面展开。根据学生的兴趣发展和就业需求等信息，还可以将创新创业教育横向地与专业教育连接，进而使创新创业教育在更具阶段性的同时，也更具针对性。

（4）在教育方法上，采取"多形式"。除了课程内容上的丰富，创新创业教育还应当注重教育形式的多样化。基于特殊的实践性，创新创业教育显然不同于传统的教学模式，而是以针对性和实用性为原则，探求更多有效的教学途径。如名人讲座、创业竞赛、校企合作等，都不失为一种促进创新创业教育积极发展的科学方法。

（5）在育人理念上，采用"开放型"。所谓"开放型"，就是要强调"开放"二字，即加强与外界的联系和交流，避免发展受到阻碍。积极主动地学习或借鉴知名高校的先进理念、有效规划和管理机制等内容，并积极响应国家政策的号召和相应政府部门的倡导，认真观察创新创业教育相关的市场动向，从而全面保证创新创业教育的开放性，促使其积极健康发展。

第三节　高校创新创业人才培养的激励机制

激励机制是在组织系统中，激励主体系统运用多种激励手段并使之规范化和相对固定化，而与激励客体相互作用、相互制约的结构、方式、关系及演变规律的总和。激励机制是企业将远大理想转化为具体事实的连接手段。关于激励，上文说过，激励是以人为主体的，为了发挥人的主观能动性，讲究人性化的行为，而机制是遵循事情发生和发展的客观规律的，是一种科学的系统。

激励机制是用一系列客观、理性的制度来反映激励的主体与激励事物发生相互作用的方法。激励机制一旦形成，它会作用于系统本身的内部组织，使组织在特定状态下运行，并进一步影响其发展。激励有两个功能，促进性和削弱性。激励促进作用是指一定的奖励使员工被激励的行为被反复强化，不断加强，我们称这样的奖励是好的激励机制。当然，一个良好的激励机制应该有惩罚措施，制止不符合激励目标的行为。建立一个机制能够满足人的需求，鼓励员工的行为是成功的管理，然而，如果激励机制本身不适当，或机制不具有实际操作性，会减少人的主动性，削弱效果，这就是激励机制的削弱功能。因此，应该及时总结不适合的激励机制，代之以有效的机制。

一、高校创新创业人才培养激励机制的步骤

激励机制有自己的运行模式，也就是激励的过程。它有四个步骤：第一，双向沟通，可以使管理者了解被激励者的个人需求、职业规划等，并说明组织的行动目标等。第二，各自行动，管理者根据个人的专长提出要求，布置任务。而被管理者开始以相应的方式行动。第三，评估阶段，定期对被管理者进行评估。第四，奖励，对于出色的人，需要去奖励、奖赏。

二、高校创新创业人才培养激励机制的实施对策

（一）高校实行大学生创新创业激励机制的内容

由于激励的重大功能，激励机制在高校的学生管理工作中得到推广。为了激励大学生开展创新创业活动，高校应该形成以精神、物质为主要形式的激励机制。主要包括开设激励课程、实践激励、奖学金、学分制、奖状、公开表扬、就业推荐等。随着经济的发展，人才越来越多，竞争力越来越大，大学生对于奖励越来越重视，包括物质激励机制和精神激励机制两部分。基于西方的综合激励理论，设计的机制以实际操作性为主。

（二）高校大学生创新创业激励机制改进的对策

1. 外部激励与内部激励相结合机制

鉴于内外部激励的优点，需要采取外部激励和内部激励相结合的激励机制，这样才能更好地促进大学生创新创业。

（1）大量开设指导大学生创新创业的课程。开设指导大学生创新创业的课程，包括必修课和选修课，提升学分外部激励措施，每个院系要开设创新创业课程，但对不同专业的大学生要因材施教。高校在开设课程的时候应该针对不同院系和专业，必修课和选修课都要开设，上课时不仅要普及创业的意义、创业的准备、如何创业等普遍性常识，引起他们的兴趣，培养创业意识和精神，而且要教授相关案例，并结合所学专业讲述如何运用自己的专业知识，在自己熟悉的专业领域创新创业，成功率更大，其中对企业的创建和管理内容应该重点讲解，这样更能引起他们浓厚的兴趣和提升大学生们创新创业的自信心，这是必修课。选修课方面可以根据大学生的兴趣选择，当大学生创新创业的兴趣不在自己的

专业领域时，可以再选修这方面的课程，在选修课中会教授不同领域的创业准备、创业素质、创业过程和创业方法等，这些在校外很难学到的知识，需要高校开发一些创业类教材，包括对创业者个人性格和素质的评估、开发和训练；管理别人即策划、经营、经济、市场评估等，当然，这些课程的学分需要提高，激励大学生去学习。

（2）多给大学生提供创新创业实践的机会，方便他们接触实际操作。在高校中大学生缺乏动手实践机会，光听光看不足以激发大学生的兴趣，不足以渲染校园创新创业气氛的，还需要大学生实际动手操作。兴趣需要在实践中慢慢产生，大学生自身的耐挫力、人际交往能力和心理素质都须在实践中得到锻炼和提升，当大学生在实践中发现自己的素质得到了提高，更肯定自己，就会更积极地继续实践，这是一个良性循环，体现了外部激励和内部激励的融合。让大学生参与到高校的日常事务和管理中去，激发他们的工作激情。大学生们都有兴趣参与高校的工作，愿意为同学们贡献出自己的一份力量；安排工作任务时需要考虑到每个学生的兴趣和特长，以自愿为原则；工作需要在大学生的能力范围之内，但是又要有一定的挑战性；在选择大学生担任高校重要职位之前，要根据他们的创新创业成果来选拔，这样更能提高大学生的创新创业积极性。参与也是一种乐趣，给自己一种受到赞赏的机会，它能满足人的归属和自我存在感的需要。从选拔来看，对大学生而言，传达给他们一种信息，那就是老师和领导对他们的信任和肯定，这既起到了精神上的激励作用，又激发大学生去实践，增强责任感。

高校内设立"创业区"，大学生可以把大学当作一个社会，高校鼓励大学生在这个区域内打开自己的思维，张扬个性。在创业区里，大学生可以运用自己的聪明才智和创造力，创建各种小企业、小公司。同时，提供机会让大学生们可以与真实的社会接触联系，通过高校内建立的大学生创新创业社团、创业校友联合会、创业咨询机构和高校各院系或校级的项目与校外的企业和社会组织建立合作，大学生可以到这些组织中去学习、实习和服务，这些都可以在大学生的课余时间和假期进行，不会耽误课程任务的完成，而且这些工作也是大学学习任务很重要的一部分，大学生在实践中得到的成绩可以获得高校学分、奖学金和奖状的奖励，也会得到企业和社会的认可。

（3）要运用赞赏和晋升等手段，提高大学生参与创新创业活动的积极性。内部激励措施方面还有在大学生组织学校活动时，让他们自己做主，发挥新时代人才的聪明智慧和潜力，运用宽领域的创造性去开展创新创业活动，对于举办顺利和成功者，院系、学校老师和领导应给与充分的支持和鼓励，让他们认同自我的价值，从而更努力地举办创新创业活动，该发奖状的发奖状，该提升职位的提升职位，升到上一级的职务中继续学生工作。在这个过程中，大学生既在组织中体会到管理的创新，也懂得了创新创业活动的内涵和乐趣。

2. 宏观激励与微观激励相结合机制

高校应该落实适当的政策措施，为激励创业提供必要的资源，鼓励从事创业的各种学生的实践行为，给予他们支持。

（1）营造浓厚的大学校园创业氛围。我国的高校应该努力营造这样一个气氛。高校可以通过校报、校园广播、校园网、海报和宣传板等载体，向大学生们宣传国家、各地方和高校对大学生创业的优惠政策，以及当地或本校大学生创新创业的成功案例和成功企业家的创业史。开展学术交流会、学术报告会和讲座等，尤其是邀请社会上成功的企业家来校指导，拓展大学生的视野，传授创新创业的相关理论和实践知识，让大学生开始接触创新创业这一全新的领域，在渐渐了解中萌发兴趣。要树立创业教育的新理念，与传统的职业观念不同的一种新的教育理念和模式。

（2）针对创新创业课程中有优异研究成果的大学生，设立"创业学分"。在具体的微观措施方面，对于在课堂上积极发言、积极表现，产生新想法的大学生增加学分。另外，学校可以聘请社会上的成功创业者、企业家、从高校走出去创业成功的人来校园内定期讲课，高校与这些有实际经验的"老师"们签订合同，长期合作，从而弥补了高校编制内教授只擅长科研和学术理论研究的不足，同时也可以打开大学生的创业思路，拓宽创新创业视野。

（3）建立校内校外创新创业专项经费和贷款。对于大学生而言，无论是基于专业开展创业实践还是从事创新实践，无论是企业初创期还是企业成长期，充足的资金支持都至关重要。高校为推动创新创业教育实施和创业活动开展，可从两方面筹集资金：一方面由学校拿出一部分专项资金作为创业基金，如大学生创新创业项目基金、大学生创业种子基金、创新创业竞赛支持资金、大学生创业基地建设资金、个性化指导资金等，激励大学生创新创业实践；另一方面由成功的创业大学生共同出资成立大学生创业基金，帮助在校生或毕业生参与创新项目研发、创新成果转化、创业企业运营。高校应该积极采取一些措施，争取国家和社会的捐款。在高校内，应激励大学生创新创业，接受国家和与高校有产学研合作的企业捐赠的同时，也有一些定向的合同为前提，当他们拿着这些资金取得了一些成绩的时候，应该回报国家和企业，可以采取贷款或者合作的形式。向国家和企业贷款，在几年的创业期限之后需要连本带利一起还给国家、企业；如果是合作，就是当大学生在几年期限之后取得了创新创业成果，向国家的创业基金会投资，或是与之前赞助的企业联合经营，帮助赞助企业发展。以此，良性循环，大学生和企业互惠互利，企业更愿意到高校帮助大学生，提供创新创业的经费，高校的创新创业激励机制可以向良性健康长久的方向发展。

（4）高校建立有利于大学生们创新创业实践锻炼的激励机制。理论与实践相结合是促进高校创新创业激励机制完善的重要组成部分。高校中对大学生的创新创业激励和帮助往往是有限的，容易使知识和实践脱节。高校应该引导大学生挖掘自身的潜力、创新性和积极性，要建立完善机制不断激励他们积极主动地进入创新创业实践活动中，为大学生们提供模拟基地，这是一个针对整个高校的宏观的大工程。

第四节　高校创新创业人才培养的侧重点与实施

一、高校创新创业人才培养的侧重点

（一）树立科学的创新创业人才培养观念

高校必须坚持深化素质教育、落实立德树人根本任务，把构建创新创业型人才培养体系作为关键抓手，不断培养出敢于开拓创新、勇于创业实践、符合时代发展要求的高素质人才队伍。高校创新创业教育必须立足中国基本国情，瞄准服务国家战略需求和经济社会发展，以立德树人为引导，加强学生思想道德建设。高校要丰富创新创业教育的内涵，将当前经济社会发展热点、国际政治发展形势、时代精神及民族精神的相关内容与创新创业相衔接，这既丰富了创新创业教育的时代内涵，又能引导学生投身中国特色社会主义建设的伟大实践。以立德树人为引领、以思想政治理论引领创新创业教育、促进大学生创新创业实践是时代命题，是大势所趋。

高校开展创新创业教育是新时代的客观要求，创新创业教育与时代精神相吻合，与社会发展相适应。乡村振兴战略是有效解决"三农"问题的重要举措，乡村振兴离不开人才的支持，吸引大学生返乡就业创业已成为推动乡村振兴战略的重要举措。高校要广泛宣传和解读乡村振兴和促进就业创业的相关政策措施，教育引导毕业生转变观念，应进行相关专业的设置调整，拓展大学生参与乡村振兴的就业领域。一方面在专业设置比例上增设农科类与乡村振兴需求相适应的学科专业，使掌握了这些专门技术和管理知识的大学毕业生能更好地专业化地服务农村；另一方面是建立与农村地区定向联合培养机制，不断拓宽招生渠道和就业渠道，包括定向生、专项招聘计划等，让更多来自农村的大学生接受专门教育、回报家乡。

（二）深化创新创业人才培养体系的改革

高校要将创新创业教育贯穿人才培养全过程，把创新创业教育和实践课程纳入高校必修课程体系，促进创新创业教育与专业教育有机结合、与思想政治教育深度融合。高校要从多个环节入手并基于设计思维对创新创业课程体系进行系统性改革，以构建科学的教学计划和立体化、融合式的创新创业课程体系。

第一，促进创新创业教育与专业教育深度融合，培养具有专业知识和创新创业能力的综合型专门型人才。将创新创业教育内容纳入专业课程体系，推进专业类创业课程的创新。引导形成支持创新创业教育的专业教育体系，通过增加专业领域的职业发展研究、增加专业领域的科研与技术开发分量、提高专业领域的创新创业案例教学等方式开展创新创业人才培养课程建设，增加学生的岗位创业知识，培养能创业的专业人才和懂专业的创业人才。

第二，促进理论课程与实践课程相结合。通过在高校开设创新创业类课程，既进行系统的理论知识教学，又在课堂上增加实践模拟等环节，使理论与实践教学相结合，让学生在理论课堂与实践教学中了解国情、社情、民情，在就业创业中增强使命担当。高校要创新开发一批质量高、特色鲜明、针对性强的培训实训类课程，更好满足毕业生创新创业不同阶段、不同领域、不同业态的需求。同时，高校要优化育人环境，坚持以项目带动学生创新创业，支持开展大学生创新创业训练计划等，鼓励发展创新创业类学生社团，营造创新创业文化氛围，激励更多的学生大胆创新，勇于创业，提升创新创业类项目的落地能力，更加明白和坚定自己创新创业的方向和目标。

二、高校创新创业人才培养的具体实施

（一）培养创新创业人才的创新意识与创业能力

1. 创新意识培养

创新意识是人们根据社会发展和个人生活的需求思考，果断地为新事物而奋斗，找到新的思路和方法，解决新的问题，创造新事物的意识。它对一个人创造力的形成起着非常重要的作用。创新意识是主动认识出现在人们头脑中的一种主动研究解决问题的思维。这是人类创造性活动的出发点和内在动力，是创造性思维和创造力的前提，也是形成创新潜力的基础。创新最重要的不是结果，而是要有强烈的进取精神和勇于探索新事物的思维意识。

（1）重视知识积累。知识的积累是创新意识形成的前提。要培养学生的创新意识，首先要增加其求知欲，使其有求知的目的感。"学而创、创而学"是创新的主要方式。只有不断学习新知识，才能在自主创新创业过程中发挥主导作用。创新知识的积累需要创新地学习技能。创新学习是接受、优化和塑造知识的过程，其核心是为知识增值，因此，要开发创新潜能，要重视创新学习技能的培养。创新学习能力是获得和重构知识的能力。通过创新实践，包括写作、艺术创作、技术进步、工艺、方法、工业产品等，新的想法和设计被转化为真正的产品。创新离不开知识的积累，尤其是技术创新，更需要创业中的大学生在生活和工作中重视知识的学习与积累。

（2）消除心理障碍。谈及创新，有的创业者有一种天生的抵触和恐惧，认为创新是神秘、可望而不可即的，其实，人人都具备创新的潜能，要具备创新意识，首先需要消除创新的心理障碍，树立创新的信心，拥有"敢为天下先"的勇气。另外，创业者要表现出主动性，大胆地去做别人没有想到的事情，有很强的创业精神和勇气。创意是创新的动力，是形成创新习惯的基础，只有有创意的企业家才能灵活地识别创新点。

（3）激发与开发潜能。创新需要一定的敏感性，通过仔细观察、研究、反思，可以有更多的思路火花来解决以前难以解决的问题。同时，创新也需要强烈的好奇心，人们探

索的欲望往往表现在强烈的好奇心中。好奇心使人们对某物、某事、某人充满兴趣，这些兴趣促使人们去质疑、探索。这时思维会变得特别活跃，人的潜能会在这个过程中得到释放，人的创造性也会随之空前高涨。

（4）参与创新实践活动。创新意识的形成非常重要，企业家在形成创新意识的过程中，应形成科学的创新观。厘清创新的真谛，不应让创新仅作为一种琐碎的创新、一种新的创举，而不能解决实际问题。在培养科学的创新意识的过程中，大学生创业者应该积极参与创新实践活动，创新实践活动可以是创新创业培训，也可以是创新创业比赛，可以是理论性的，也可以是操作性的。人们的生活中有很多事情要经历，有时我们已经接近创新的门槛，但我们还没有发现创新的机会。作为一名学生，必须学会复盘、反思、怀疑，学会用已有的知识进行创新和实践。

（5）激发创新与创意。创新是企业成功的核心与关键，可通过以下三个步骤来获得并激发创意。

首先，记录疑问。企业主要提供满足人们生存和发展需要的产品或服务。思考如何创业，了解人们日常生活中的问题或需求，后续可以为他们更好的发展提供服务。

其次，寻找主意。好主意能解决问题，帮助他人，使生活轻松，改进环境，有助于公司运作。可以培养对人、环境、事物的好奇心，扩大自己的生活面，如参观当地工厂、特色商店、图书馆、其他城市等；与来自不同专业、不同地方、不同生活方式的人交谈，能帮助创业者打开思路，捕捉到好的点子。捕捉到点子，要把它们写下来，以防遗忘。

最后，实用验证。实用验证主要是为了落实所收到的意见。事实上，大部分的创造性努力都是在前一阶段进行的，但还需要更多的研究来给生活带来新的想法。这是从观念到创新、实践的重要一步，验证方法包括理论和实践两个步骤。理论推理和科学程序的实践基础是将思想转化为具体行动，通过实验产生实际结果。

2. 创业能力培养

（1）人际交往能力。人际交往能力是从事管理工作必须具备的基本能力。创业者必须具备较强的人际交往能力是因为创业者需要跟不同的人沟通，比如消费者、企业员工、供货商、金融和保险机构、同行，甚至是各种管理部门，只有具备良好的人际交往能力，才能在与这些人的沟通中顺利解决问题，实现自己的利益最大化。在公司组织中，管理层通常负责领导和提升特定部门或链接中的多个个人或团体，并共同参与生产和运营活动。因此，管理层需要提高组织能力，适当分配人员，安排工作任务，协调工作流程，并将计划目标连续不断地转化为每位员工的实际行为，促进生产经营有序稳定地进行。此外，管理层可以成为有效的协调者，以充分利用协同工作的集体力量，并适应工作组成员和各个部门之间复杂的联系要求。营造和谐的组织氛围。同时，适当管理个人与公司有直接或间接联系的各种社会群体之间的关系，适当解决争端，避免冲突。

（2）解决问题的能力。企业家也非常关注解决问题的能力，这是一种综合能力。解决问题能力强的人在工作过程中不愿接受他人的帮助，他们具有较强的理解能力和快速的信息处理能力，通常基于面向目标的问题解决策略，并且经常找到解决问题的创造性方法。

（3）创新创业能力。创新创业性或创新能力是创新型人才必须具备的基本能力。培养创新能力主要是培养创新思维能力、实践活动能力、动手操作能力以及遇到问题之后最终解决问题的能力。创业能力则包括专业技术能力、经营管理能力和社交沟通能力等。创新能力强的人，其创业能力也不会太弱。

（4）自我调控能力。在创业的开始阶段及随后的经营阶段，在与客户、合作伙伴及金融人员的交往沟通过程中，创业者需要一种支配性的和不妥协的态度和方式。

（5）管理情绪的能力。如何妥善管理情绪是现代人非常关注的问题。良好的情绪状态是企业家应该具备的特点之一。还没迈入社会的大学生，人生经历相对简单，所以情绪起伏很大，在遇到问题的时候容易情绪化。所以，我们应学会与情绪和平相处，做情绪的主人，在遇到问题的时候妥善管理自己的情绪也是创业者必备的能力之一。如果一个人容易担心和焦虑，那么这个人是不适合管理公司的。情绪稳定对工作表现有重大影响，尤其是在压力大的工作中。情绪稳定的人会从积极的角度进行思考，对自己的生活感到满意。情绪稳定度低的人常表现出不安、焦虑、悲伤的情绪。高度的情绪稳定性是创业的优势。

（6）团队合作能力。对大部分企业家而言，很多时候都是和别人合作创业的。因此，团队或小组合作的能力也是创业者的必备特质之一。一个成功的企业团队具有凝聚力和团结意识，成员们愿意牺牲短期的利润来获得长期成功的果实，全力以赴地为新公司创造价值。一个成功的企业团队必须要具有授予承诺、合作持股等特征；公平灵活的利益分配机制；企业成果整合共享与职业技能的完美结合，这一特点也是团队合作能力的体现。

（7）创业机会识别能力。

第一，创业机会识别的影响因素。识别和把握创业机会不是一蹴而就的，而是要经过反复的调整、不断地完善。外部环境的错综复杂也给创业者带来不同的创业机会，而且面对同一个创业机会，创业者也会有不同的创业认识。创业认识具体由三个主要因素所影响和制约，即个体因素、机会特征以及环境因素，以下就这三项因素进行具体阐释。

首先，创业者的个体因素对创业机会的影响。创业活动是在创业者的指挥下进行的，创业者在这个过程中的主体作用不容忽视。这导致创业者的主观因素对创业机会的识别会产生关键影响。而创业者的主观因素又包括个人特质、先验知识、社会网络、资源禀赋以及创业警觉性等。特别是创业者的创业警觉性，在创业活动中起到核心和关键的作用。作为一种能力体现，创业警觉性能够使创业者敏锐地感知外部环境的变化，从而寻找创业机会。创业者的警觉性和创业机会的识别是正比关系，即创业者想要发掘更多的创业机会，需要保持高度的创业警觉性。

人物性格不同，也会识别出不同的创业机会。主动型人格一般能够很好地把握创业机会，但积极型人格却没有什么突出表现。对创业机会的选择主要由创业者的性格特征所决定。像一些风险性较大的创业机会，容易被具有冒险精神的创业者所把握，而一些稳定性高、风险系数较小的创业机会则适合比较谨慎、稳重的创业者。

创业者以往的学习经验、IT 工作经验和日常生活中的所感、所悟等都可以统称为先验知识。对先验知识的分类，各个专家学者的看法各有不同，通常主要将其分为三种：一是对市场的先验知识；二是对服务市场方式的先验知识；三是对顾客问题的先验知识。由于创业者的先验知识各有不同，因此面对同样的创业环境时，对创业机会的发掘也不尽相同。但是现在专家们已经普遍达成共识，即创业者具备越多的先验知识，越有利于其发现创业机会。

创业者获取社会网络的方式也影响其发现创业机会。创业者获取的社会网络资源越多，越有利于其发现创业机会。社会网络资源的获取能够对创业过程中的各个因素产生直接影响，进而有利于创业者发现机会、创造机会。因此，在创业过程中，社会网络资源的获取有着举足轻重的作用，社会网络越强、越密，越有利于创业者识别创业机会。

其次，机会特征对创业机会的影响。创业机会的特征将影响创业者做出选择。创业者在面对创业机会特征时会做出不同的反应，而且对创业机会的方向侧重点也有所不同。创业者对创业机会未来价值的评估主要是由创业机会的自然属性所决定的，因此创业者的机会评价会对创业机会的选择产生非常重要的制约作用。市场需求、市场结构、市场利润以及市场规模等都是创业者进行创业机会评价的重要指标，在具体评价时，还需要将各个指标进行详细划分。

最后，环境因素对创业机会的影响。环境因素主要指创业者在创业过程中所有会对创业产生影响的外部要素的总和。对创业机会的识别不仅受创业者自身因素的限制，还会受外部环境变化的影响。创业环境的特点在时刻变化，且具有一定的复杂性。

从市场因素的角度来看，市场瞬息万变，市场供求关系也具有一定的动态性，这为创业机会的出现创造了市场条件。若市场出现新的供需关系时，则会有一定的创业机会出现。这需要创业者对市场有足够的敏锐力和洞察力，善于把握机会，这样才能更好地进行创业。

从政策法规因素的角度来看，国家政策也有着不同的调整和完善，这主要是根据市场变化的需求而决定的。政策法规是从宏观角度对市场结构和产品结构进行调整的，这将给创业者带来一定的创业机会。因此，对国家政策调整的高度关注和重视也是创业者把握创业机会的一个重要因素。

从技术因素的角度来看，在创业机会识别中，技术因素有着不可取代的作用。任何一次技术的发展，都将给产品、竞争和服务带来新的变化，而在变化过程中，会催生更多的创业机会。新旧技术更替交换的过程，会让市场得到新的拓展，产品结构产生变化，从而有利于更多创业机会的出现。

第二，创业机会的识别方法。

首先，问题分析法。任何创业机会的产生，都依附一定的市场需求。因此对个人和团体的需求进行发掘和发现是识别创业机会的重要手段。创业者想要把握住创业机会，需要具备敏锐的市场洞察力，对事物有自己的认识，并且能够抓住周边事物的细微变化。而且创业者还要避免产生从众心理，敢于创新和突破，这样才能更好地抓住创业机会，提高创业成功率。

其次，系统分析法。认识和了解宏观、中观以及微观环境的变化也是创业者所必须进行的工作。创业机会多是通过系统分析被发现的。对周边环境变化的分析和市场政策变动的把握，都将提高创业者的创业成功率。创业者要具备较强的信息分析能力，才能随时了解市场需求和市场结构的变化，从而不错过转瞬即逝的创业机会。

最后，资料分析法。在创业过程中最为常用的分析方法是资料分析法，即通过总结和系统分析以往的数据、语音、视频和文字等信息发现创业机会的一种方法。很多创业活动的开展都可以利用这种分析方法。这种方法的难度在于信息收集的真实性和时效性难以提高。

第三，创业机会的识别过程。创业机会无处不在，而创业者不可能把握住所有的创业机会，因此如何提高自身发现机会、挖掘机会的能力成为影响创业活动结果的一个关键因素。创业者首先必须对创业机会的价值进行了解和分析，并付之于行动和实践，才能有效提高创业活动的成功率。搜寻机会、识别机会以及评估机会是发现创业机会必须经历的三个重要环节。

（8）创业项目选择能力。创业项目的选择，是个需要经过排列组合"运算"后才能得出结果的问题。一个或几个人合作投资、一家公司或几家公司联合再投资，都会先碰到选择投资项目的问题，项目如果选择失误，将造成投资失败的结果，因此需要慎重对待。

第一，创业项目选择的基本原则。一个好的创业项目必然是符合市场需要的、业绩好、利润回报高，深受投资者的喜爱。因此，好的创业项目需要遵循四个原则：①项目市场评估。项目的选择要考虑是否有市场、有多大市场、市场份额等。②项目盈利能力。项目盈利能力是企业在选择项目时应考虑的首要因素，也是风险投资方最感兴趣的问题。因此，研究一个成功项目所能产生的利润和持续的时间是非常必要的。一般的风险资本家对市场前景 500 万以下的产品是不会考虑的，这反映了盈利能力的重要性。③项目风险评估。风险评估需要考虑多方面，例如，提供的产品或服务是否对客户有吸引力；竞争对手的反应比预期的强烈；成本问题等，如果企业家依赖外部投资，则他们还需要考虑外部资金是否会接受这一变化。如果这一变化低于预期，则会对投资者的业务产生影响。④项目应符合投资决策的必要原则。成功的项目一般具有经济型原则、比较优势原则、产业政策原则和技术选择原则。

第二，创业项目选择的主要标准。

首先，市场前景。市场是评判创业项目好坏的最基本原则。①潜在市场和现实市场。一个项目倘若有现实市场当然最好；如果没有现实市场，但是潜在市场很深远，就是所谓的风险投资，也是好项目；现实市场和潜在市场均有的项目，通常是最佳的；倘若两个均无，那么这个项目基本上会失败。②市场容量。市场容量是客观条件，项目努力是主观条件。如果客观条件好，则再结合主观努力，项目就可以做大。③市场容量和市场占有率不用等同。只要市场容量大，即使占有率低一些，企业也可以生存；相反，市场容量不大，即使占有率再大，企业也难有大发展。

其次，竞争性强。①抗复制能力。有一些项目，刚开始效益不错，但是由于项目的复制性高，其他竞争者争相选择同一类项目，会导致恶性竞争，最后利润下降。虽然没有项目是不能被复制的，但创业者选择时也要选择相对抗复制能力高的项目。②项目门槛。一个项目抗复制能力高就说明该项目由一个门槛成为"项目门槛"。例如，代理品牌项目，需要一定资金门槛，产品申请了专利，技术成为一道门槛，从而有效挡住很多跟风竞争者。因此，门槛是创业者应该考虑创业项目的一个重要因素。

再次，符合产业政策。符合产业政策是项目成功的一个诀窍，虽然可行的项目有很多，但是我们不难发现，国家的支持或顺应时代发展的项目能够得到消费者的认可，在市场中往往能够占有一席之地。

最后，抗风险和风险规避。任何项目都有风险，考察项目要依据"风险第一，收益第二"的原则。对于一个项目，先不去看可能的收益如何，而是要看可能的风险的大小，自己的抗风险能力和规避风险措施是不是可靠、最大风险是不是超出自己最大的承受能力等。

综上所述，创业项目的选择直接决定创业的成败，因此，没有最好的项目，只有最适合的项目。作为初期的创业者，不仅要寻找最好的项目，还要寻找最适合自己的项目、适合自己团队的项目，着眼于大局，着眼于受众，既要顺应时代的发展要求，又符合自身发展需求，走持续发展的道路。

（9）创业准备能力。

第一，市场需求。市场需求是指在某一个地区内、某一时间段内，顾客对市场提供的商品或市场中服务的购买数量。市场需求的大小受到两个因素的影响：首先是消费者是否有明显的购买欲望；其次是消费者是否有足够的支付能力购买商品或服务。如果想要形成市场需求，那么必须具备这两个因素。市场需求量包括两个内容：首先是市场实际销售量，顾名思义，就是在预估市场需求时，市场当中的商品或服务的实际销售量；其次是市场潜在需求量，是在预测的有限期限内，在市场因素的影响下，商品销售可能增长的数量。

第二，目标市场定位。这是很多企业都使用的一种经营模式，企业会对市场进行精准的产品定位，然后根据不同的市场需求提供更加具有针对性的产品或更适合的服务。

第三，创业团队的组建。高水平、高素质的管理团队能够让企业创业更容易获得成功，团队的能力和素质决定了企业具有多大的发展潜力，因此，大学生在选择自己的团队伙伴时一定要慎之又慎。

第四，收集创业信息。创业者和消费者、和客户之间的联系依赖的是信息和创业的前期准备，前期信息收集影响创业能否成功，因此，大学生一定要做好创业前期的信息收集准备工作。

（二）设计创新创业人才培养的课程体系

1.课程体系设计的原则

（1）个性化培养原则。创新创业课程设置需要通过个性化培养与职业生涯管理，提高学生在本专业各方面的创新创业能力和就业竞争力，让其能够在社会上运用自己的创新创业能力开辟出属于自己的新天地。基于此，创新创业的课程体系构建，不仅要符合当前社会经济发展的需求，而且还要结合不同学生的实际情况实施个性化培养，帮助他们明确自己今后的职业生涯应该如何规划。因此，高校的创新创业人才培养，必须以高校教育改革的要求为引导，实现学生的个性化成长，并让他们成为社会发展所需要的人才。

（2）课堂主体化原则。创新创业教育与专业教育的融合，很大程度上依托于课堂教学。课堂主体化这一原则要求创新创业教育课程体系在构建时，将专业课程的课堂教学放在主体地位，创新创业教育理念和内容作为融入其中的一部分，以专业课程的教学计划设置、教学内容、教学方法改革、教学管理建设等环节的方式体现出来。创新创业教育课程体系的构建应当将人文素养融入专业知识，让文理知识相结合，同时还要增加能够拓展学生知识面的内容，让他们了解更多的专业前沿知识和本专业的特色。

2.课程体系设计的内容

（1）理论课程设置。

第一，基础理论课。创新创业教育中的基础理论课是学生了解创业基本知识的重要基础课程，主要内容是一些基本的创业理论，可包括以下课程：

《创业学概论》是整个创新创业教育课程中最为基础的理论课程，可以称之为创业的入门级课程，这一课程设置旨在让想要创业的大学生认识创业，明白应该怎样准备创业活动，以及创业活动需要用到哪些理论知识。

《创业基础论》以《创业学概论》内容为基础，并在此基础上安排了与创业相关的各种理论知识课程。这些创业基础理论知识课程旨在培养有创业意向的学生的创业素质和一些基本能力，并通过讲解国内外成功创业者的实例，让学生吸取成功创业的经验，同时这样也能点燃学生创业的激情。

《创业辅导》课程设置的主要目的是为学生传授一些对理解和开展创业活动有辅助性作用的知识，包括创业活动的现实意义、未来发展趋势等。此外，《创业辅导》课程还会讲解一些创业活动中常见的行为和思维模式。

第二，专业理论课。创新创业教育专业理论课程设置旨在为创业学生详细讲解创业过程中所需要的知识，包括以下课程。

①《创业案例研究》课程。主要是讲解各行各业创业者的真实案例，让学生通过案例学习并分析创业成功和失败的常见原因有哪些，从而明确创业活动中决定成败的关键环节和因素，进而不断提高自身创新创业素质和能力，避免在自己身上发生同样的失败。

②《创业法律基础》课程。主要内容是一些关于创业的法律知识，通过对这些创业法律知识的学习，学生能够知法、懂法，明确创业活动的法律红线，同时也能使用法律武器保护自己的创业成果。具体而言，《创业法律基础》课程的学习包括对法律法规的学习。

③《市场营销学》课程。设置的主要作用是帮助学生掌握市场的基本规律和特点，并运用市场营销的相关知识更好地开展创业活动。该课程的主要内容是分析市场环境、消费者市场行为，讲解面对不同市场环境，创业者应该如何选择营销策略，同时全面系统地阐述市场营销活动的基本程序和方法。总言之，这门课程的终极目的就是帮助学生合理运用市场营销手段，获得市场份额。

④《管理学》课程。主要讲解企业管理的相关知识，该课程之所以被安排在创新创业课程体系中，是因为创业者在创业活动中需要这项管理能力。创业者通过对企业管理的学习，掌握计划、组织、管理、决策等能力，从而有条不紊地经营企业，并对市场也有一个理性、正确的认知，进而抓住每一个机遇，以较小的成本获取较大的利润。

（2）活动课程设置。

第一，集体活动课程。集体活动课程主要以创业教育专家或者已经在行业中获得成就的成功创业者主持讲座的形式开展，让学生有机会在规定的时间段里获得与他们面对面交流的机会，这种课程设置有利于学生更有针对性地了解自己想知道的创业知识和经验，同时这种面对面的交流也更能让学生切身感受到创业者的精神和素养，从而自主加强自己的创新创业意识，提高创新创业能力。

第二，专题活动课程。专题活动课程通常会以真实的商业活动为参照，采用商业计划竞赛的形式组织开展一系列活动，通常会有模拟营销大赛，参观企业、了解企业文化和企业运作流程等这些课程。此外，专题活动还包括营销活动与决策活动，这些专题活动在创业活动中占据十分重要的地位。通过这些创新创业专题活动课程的开展，高校可以培养学生在创业中必不可少的团队意识，还能够锻炼他们对于商业活动的竞争意识。

第三，项目活动课程。高校设置的项目活动课程在很大程度上能够培养和强化创新创业学生在创业活动中所需要用到的独立判断能力、自我管理能力，并且提高学生的创新创意素质，让学生在不断实践的过程中，锻炼自己的能力。

（3）实践课程设计。大学生创新创业理论学习的目的是指导实践，因此实践课程设计是大学生创新创业课程体系构建的重点。

第一，实践课的层次。

首先，普及性创业教育实践课。目前创业实践课存在"隐性课程很多、显性课程不足"的情况，普及性创业教育实践课程需要增设诸如经济学、管理学、法学等一系列与创新创业有直接关联的显性课程，合理安排这些课程能够更好地培养学生的创新创业意识。同时，高校还需要通过加强制度化建设这样的方式进一步改善当前课程设置不合理的情况，提高创新创业教育的普及程度，从而让全体学生的创业基本素养和能力得以全面提高。

其次，进阶性创业教育实践课。进阶性创业教育实践课是面向少数学生的进阶性创业教育，与普及性创业教育注重意识、品质培养相区别，针对现状，进阶性创业教育着重创业体验和创业实践。进阶性创业教育实践课的设置主要是侧重于创业体验和创业实践的教学。

第二，实践课的分类。

首先，案例实践教学。案例实践教学所需的案例既包括成功案例也包括失败案例，教师通过引导学生分析和讨论这些案例，让学生自己从具体案例中总结成功或失败的经验和教训，对此进行学习和反思。教师在案例实践教学中的主要作用就是帮助学生把案例中的经验和教训上升到理性层面，这也是教师应该掌握的一种创业教育教学方法。仅凭课本上理论知识的教导，学生无法完全理解并运用创业教育理论，教师需要通过分析具体案例，加深学生对创新创业的理解，让学生对其有一个更为具体、详细的认知。

其次，模拟创业实践。模拟创业实践课程的展开通常会以举办如创业计划竞赛这种活动来进行。"创业计划竞赛"活动以小组竞赛的形式开展，每个组的成员构成由创业者自由组合以达到取长补短的目的，通常而言，这一活动的竞赛小组成员为 5～6 个人，最终形成的竞赛小组也称为"模拟公司"。

小组成员首先要通过实地调查来选择自己具体要进行的创业项目，选定了之后，小组成员要针对这一项目进行分析，讨论该以哪种途径来进行后续的展开，这就是所谓的创业思维，最后一步就是根据小组自己选定的创业项目，提出一个能在市场上有发展前景的创业产品或服务，然后根据这一产品或服务，制定一份商业计划书，内容要完整，事项要具体，角度要深入，里面要有作为一个创业者对新公司发展的整体蓝图、战略策划、资源分配和人员需求。其他基本内容包括公司的介绍、产品与服务的市场调查分析、公司主要的竞争营销策略、公司的组织架构图、人力资源管理结构、财务分析报表等，但这一份商业计划书最终的目的一定是为了赢得"风险投资家的投资"，制定完成后小组成员要进行课堂汇报。

最后，精品创业实践。精品创业实践主要是指大学生创办企业的实践，这一课程是目前高校创新创业教育中的高级课程，其特点在于这种实践不同于课堂上的模拟实践，而是实践一些有专业支撑、产业前景好、拥有优秀创业团队的真实创新创业项目，这些项目是学校从创新创业教育的进阶性目标出发寻找的。此外，大多数高校还会设立创业孵化基地，为大学生提供创业场所；部分学校甚至会为大学生提供创新创业风险基金，给予他们一定的经济保障；或是专门为创新创业的大学生聘请相关的咨询专家团队，以引导和帮助他们解决创新创业中可能面临的问题，从而实现大学生真正意义上的创新创业。或者更加大胆地以学生为主体创办公司，进行一些真正的经营活动，但这种方式对于大学生而言风险性较大，但是相反地，对于那些有创业眼光以及胆魄而且自身综合素质过硬、创业能力强的学生而言，这是能够最快通向成功的渠道。

（三）建构创新创业人才培养的实践平台

1. 实践平台建构目标

高校根据人力资源市场对毕业生实践能力的新要求，在创新创业实践教学中增加各种与市场活动契合的创新创业实践活动，由此构建一个与之相适应的创新创业教育实践平台，进而建立一个完善的专业实践教学体系，将研究创新、创办企业、竞赛训练、志愿服务这些内容都纳入其中，通过多种方法与途径，实现创新创业教育实践教学与专业实践教学的有机融合，这样做的目的就是让学生在边学边做的过程中，提高自己的自主研究能力、实践能力以及培养其创新思维，同时在各种创新创业实践活动中积累经验，学习更多书本以外的创新创业知识，并培养学生的创新精神。

在构建创新创业教育实践平台时，高校需要明确创新创业教育实践平台构建的目标，然后以这一目标为导向进行构建。对创新创业教育而言，其目标就是培养社会所需要的创新创业人才，因而创新创业教育平台的目标就应该是培养人才所应具备的创新创业意识和实践能力。

2021 年 10 月 13 日，第七届中国国际"互联网 +"大学生创新创业大赛总决赛在南昌大学拉开帷幕。自 2015 年举办以来，中国国际"互联网 +"大学生创新创业大赛累计吸引了 2533 万名学子、603 万个团队项目参赛，日益成为培育创新人才的沃土，成为推动高校创新创业教育改革的重要平台。

简言之，高校在构建创新创业实践平台时，应以其目标为导向，以提供支持和配套监督评价体系为保障，构建一个能够引导学生立足于科技文化领域，并能开展创新创业项目实训的教学实践平台，在此基础上，将科技文化领域的各种项目运用到实践教学中，可以为学生构建一个专业化、多元化的创新创业实践平台，这一平台能够为想要创业的学生提供更多的实践机会，进一步丰富学生的实践经验。

2. 实践平台构建原则

（1）围绕区域经济社会发展。创新创业在当前社会非常有发展前景，是国家经济发展的重要途径，在推动区域经济发展方面效果显著。因而高校创新创业实践教学必须以此为导向开展、设计。创新创业的本质就是根据社会需求和人才发展要求而展开的培养创新创业教育人才的一种活动，从其功能性来看，高校与区域内的技术创新、知识创新与知识传播有着密不可分的关系，简言之，区域内技术和知识的创新发展主要依赖于高校所培养出来的创新创业人才，因而各个区域内的高校都有一个共同的使命——培养高素质创新创业人才，推动科技进步，促进经济社会健康、协调、可持续发展。

（2）坚持基于专业的实践教学。坚持基于专业的创新创业实践教学是指结合学生的专业进行创新创业实践教学，这种教学不仅能够改革该专业的实践教学，而且也能推动高校素质教育的进程，培养具有创新精神的复合型专业人才。因此，从这个角度来看，创新创业实践教学不仅能促进创业课程的发展，提升学生的创新创业实践能力，还能推动和指引高校各专业实践教学的革新。而专业实践教学的这种革新，在一定程度上促使创新创业教育实践教学从根本上改变以前的教学模式，让教学变得更符合现代社会的发展。创新创业教育如果要充分发挥自己的作用，则必须始于专业、基于专业、融入专业。

（四）配置创新创业人才培养的师资队伍

创新创业师资队伍构建是创新创业人才培养的基础和保证。要组建合格的创新创业师资队伍，就需要制订明确的教师素质评价准则和教师能力评定标准，并采取有效的构建策略，为培养创新创业人才提供坚实的师资保障。

1. 师资队伍素质要求

创新创业教育的教师应较普通高校教师更为广泛、多元与专门化。

（1）思想政治素质。作为一名从事创新创业教育工作的教师，首先要有正确的教育观，对学生应始终保持高度的责任心，并且要树立坚持终身学习的思想观，只有教师保持了正确的价值观，才能在实际教学过程中引导学生树立正确的世界观、人生观和价值观，才更有可能培养出一批既拥有专业理论又有较强实践能力的高等技术应用型人才。

（2）教育教学能力。创新创业课程不同于其他课程，由于其实用性较强，要求老师在课堂上要尽可能地利用各种教学方法的优势，增加课堂理论教学和实践教学的密切度，提高课堂教学的效率，在课堂上有限的时间里向学生传递更多的有效信息和知识，教师的教育教学能力应该包括组织实践理论教学，带领学生实践并在其中起到指导作用的能力，与学生能够进行良好沟通的能力，驾驭教材对教材熟读于心的能力，对课堂活动或教学的组织能力。

（3）科研教研能力。科研教研能力对于创新创业教师十分重要。在日常的教学中应该重视教研活动的开展，重视理论知识的研究成果在当前高新技术的开发下以及具体生产实践中的应用，不断探索更先进的教学方法，将理论研究成果尽快应用于实践，提高实践工作的效率，从而构建一个更科学合理的学科知识体系。

（4）职业综合素质。创新创业教师的职业综合素质是指教师的身体、心理、人文和创新素质等。对于创新创业教师而言，职业综合素质非常重要，它在实际的创新创业教学过程中与各种专业操作技能紧密相关，换言之，这是一种具有明显实用性的素质，是每一位教师不可缺少的一种素质。从事创新创业教育工作的教师本人应该重视自己职业综合素质的提高，深入认识其重要性，提高自己的职业综合素质。

2. 师资队伍配置方案

大学生创新创业师资队伍是开展创新创业教育的重要支柱，其构建必须按照高水平、高质量的标准，这样才能建设出优秀的创新创业教育团队，更好地发展创新创业教育。由于创新创业教育具有实践性与理论性这两个特征，所以创新创业教师一般都是教师团队中的中坚力量。

（1）师资队伍建设的框架平台。对于创业师资的选拔与培养必须兼顾三方面的内容，分别为创业实践、创业理论、创业指导，所对应的师资也各有不同，分别为企业师资、专业师资、创业辅导员这三类。

（2）师资队伍选聘平台搭建。创新创业师资的选拔和招聘应从四个方面进行：第一，管理团队建设。建立专业与兼职相结合的高素质管理团队，可提供有力支持和保障。第二，选择专职教师。专职教师的选择指的是选择和招聘教师的专业知识结构完善，富有创新和创业精神，以及熟悉教学规则，能完成创新和创业精神教育、专业创新和创业教育的教学和研究。第三，教师应该分批培训。学校要把教师参与创新创业教育培训和取得资格证书，作为教师上岗、站在平台上的必要资格条件。第四，选拔优秀教师。高校应积极聘请具有创新创业实践经验的兼职教师，进一步丰富师资队伍，优化师资结构。

（五）完善创新创业人才协同创新培养机制

1. 完善政策的支持与保障体系

由于各个主体之间存在着不同的目标和利益诉求，在协同培养人才的过程中难免会产生冲突和矛盾，政府应该加强顶层设计，制定相关的法律法规，通过政策和资金方面的支持，调动各个主体协同创新培养人才的积极性，协调各个主体之间的利益问题，为创新创业型人才的培养营造良好的外部环境。

2. 建设协同创新培养平台

根据协同理论和三螺旋理论，高等院校、行业企业和科研机构之间进行协同合作，共享资源和信息，提高信息的利用率，产生协同效应。进行创新创业型人才协同创新培养的关键在于找到高等院校、企业和科研院所之间合适的结合点，以符合各方利益诉求、充分发挥各方优势的模式进行人才的协同创新培养。高等院校、企业和科研院所三大主体采取合作的策略,将高校所具备的知识和人才优势、企业所具备的资金和市场优势、科研机构所具备的科研优势进行整合、共享,搭建各个主体之间协同创新培养的平台,培养创新创业型人才,使各主体实现各自利益最大化。

3. 构建学生个性化成长的指导体系

鉴于创新创业型人才的培养过程对其综合性、研究性、创新性和实践性的要求,单一导师不能满足培养要求,应该实行联合导师制,组建具有不同专业特长,来自高校、行业企业和科研机构不同领域的具有丰富理论知识和实践经验的导师群,对学生进行联合培养,每位导师要根据自身的专业特长和优势进行明确的责任分工,指导学生参加各类科技竞赛活动,指导学生参与各种形式的实习实训,指导学生进行研究性学习,推行本科生科研助理制度,让学生参与到学校、行业企业和科研机构的科研项目中,培养学生对科研的兴趣,提升学生的创新创业能力和科研素养。

4. 构建多维度评价体系

(1)构建多维度、多元化的学生综合评价体系。改变重知识轻实践、重结果轻过程的评价方法,要重视创新精神和实践能力的评价,构建包括创新思想品质的形成、创新创业实践体验、科研素养的结果与过程相结合的综合评价体系,引导学生走出课堂,积极参与各类创新创业活动,提升自身的创新创业能力。

(2)构建合理的教师评价体系。要想培养出更多高质量的创新创业型人才,必须将学生创新创业能力的培养作为对教师评价的一项重要指标,引导、推进教师在教学、科研和创新创业型人才培养方面的协同发展。

(3)建立协同育人质量评价体系。协同育人质量评价体系的评价主体由高校拓展到政府、行业企业等相关主体方,采取短期、中期和长期目标相结合,定性与定量相结合的方式,从协同育人的环境、投入、产出,到协同育人的运行机制等方面构建协同育人的质量评价体系,为创新创业型人才的培养提供重要的评价标准。

(六)构建创新创业人才培养的教育教学体系

尽管目前我国高校的创新创业教育在教育规模和教学理念等方面都取得了显著的成果和长足的进步,但总体而言,创新创业教育发展依旧有欠缺的地方,有待更加深入的改进和完善。例如,在创新创业人才培养体系建构方面,我国诸多高校尚缺乏相应的理论支持,导致培养出来的创新型人才的具体质量参差不齐。为了适应时代需求,高校必须与时俱进,建立和市场、时代相适应的创新创业人才培养体系,明确新时代人才培养目标,完善人才培养模式,推动我国高等教育的可持续发展,并进一步促进社会经济、文化的发展。

1. 知识结构的构建

大学生的知识结构就是指大学生在学习过程中所获得的诸多知识在自身的认知范围和领悟范围内的具体分配。大学生的知识结构从一定程度上反映了大学生的具体实力，对于其适应工作岗位和社会竞争有十分重要的意义，因而也是衡量人才质量的一项重要标准。事实上，大学生知识结构一般强调博学和专业的兼顾性，也就是要求大学生在深入专业学习的基础上，尽可能多地了解和掌握其他方面的知识，从而实现个人的全面发展。目前，我国高校关于创新创业人才的培养，也正需要朝这个方向稳步发展，因而在构建学生的知识结构时会更加注重知识基础化和知识综合化的同步发展。

（1）知识基础化。知识基础化，就是强调对基础知识的夯实。基础知识是促使学生走向更深入学习境界的必要前提，因而务必予以重视。在创新创业教育过程中，知识基础化的步骤尤其不可少，创新创业教育强调创新思想和创新能力，显然这是对基础知识的运用和升华，是促使学生从理论世界通往现实生活的桥梁。学生要想更好地适应未来的社会环境，就务必加强基础知识的学习，以及有意识地培养自己的自学能力。

需要明确的是，此处强调创新创业教育的知识基础化，并不是局限于基础知识理论的学习，而是要在保证基础夯实的前提之下，积极推动学生的多元化发展。因此，高等教育要在重视基础知识的同时，积极平衡基础知识和专业知识，使二者在教学活动中比例适度。

（2）知识综合化。知识的综合化强调不同知识的相互渗透和二次整合，进而形成系统的整体性知识结构，并在学生的学习与实践活动中持续发挥作用。知识综合化涵盖的内容亦非常广泛，不仅在于一般意义上的学科知识综合，还在于人文教育与科学教育之间的相互融合和相互影响。显而易见，知识的综合化固然需要学生的积极调整，但与此同时教师在其中的能动作用亦不可或缺。在具体的教学过程中，教师应当充分发挥其教育作用，积极引导学生进行高效的知识综合化，使学生各方面的理论知识融合，从而为切实解决工作领域内的专业性问题做好充足的准备。

2. 能力结构的构建

能力与个人的心理活动特征息息相关。一般情况下，一个人的能力不仅在于其专业知识和专业技能的具体体现，还包括其在具体的学习或工作过程中所表现出来的稳定的心理素质。目前，我国高校创新创业教育关于人才能力的培养主要包括知识获取能力的培养、知识运用能力的培养、创造能力的培养。

（1）知识获取能力的培养。要培养学生的知识获取能力，就需要唤醒学生学习的主动性，让学生与教师形成双向互动的师生关系——教师主导与学生自觉并重。课程设置时应当充分尊重学生的主体地位，要以学生为中心，让学生从被动学习转向主动学习。除此之外，教师在传授知识理论的同时，更需要关注知识的实用性，进而有意识地引导和培养学生的实践精神和创新意识，这也从侧面为学生的主动学习和终身学习提供了可能，从而为学生在未来创新实践的道路奠定良好的基础。

（2）知识运用能力的培养。运用知识重在强调人们从理论知识向现实生活过渡的过程，而运用知识能力的培养显然就是对这种过渡能力的启发和加强。丰富知识储备的目的在于分析和解决生活中的实际问题，而分析和解决实际问题的前提明显在于对理论知识的灵活运用，因此，灵活运用知识实际上是智力与能力结合的成果。知识运用能力特别强调举一反三，也就是将知识灵活迁移到不同情境中，并针对具体情况，具体分析并解决问题。要有效培养个体的知识运用能力，就需要开展实践教学，引导学生积极参与实践活动，只有在实践中才能全面调动学生的知识，推动学生将知识运用到现实场景。需要注意的是，实践教学和理论教学一样，也需要坚持因材施教的教学原则，使整个教学过程更具针对性。在具体的教学过程中，每个学生的专业背景、技术能力和兴趣爱好等方面均有所不同，实践教学应当充分考虑和结合这些内容，争取使每个学生都找到适合自己的知识运用环境和运用方式，从而加强其理论知识和现实经历的融合。

（3）创造能力的培养。创新创业教育致力人的全面发展，其教育目的显然不只在于理论知识或技术的传授，还会有倾向于人格发展方面的内容，这些内容中就包括了职业素质的培养。职业素质的培养是适应学生个性发展的需求，也是激发学生创新潜能的必要前提。由此可见，想要激发学生的创新精神和创造能力，就需要坚持学生在创新创业教育中的主体地位，结合更具针对性的个性化教育理念，培养学生更加积极主动的学习意识和辩证思想，从而为创新创业教育的发展提供无限可能。此外，还要建立起与主体性教育和个性教育相适应的考核与评价制度，也就是建立综合能力考核和专业技能考核相结合的考核制度。其中，综合能力应作为主要的考核内容，而专业技能测试倾向于关注学生专业能力的发展。创新创业教育对于学生的考核分别从物质层面和精神层面同时对学生给予了高度的关注，这不仅有利于提高学生的知识运用能力和创造能力，还有利于学生个人的人格完善和发展。最后，在设备设施方面，高校还应加强实验室等教学环境的建设，及时更新创新创业教育相关的实训设备，以更加直观地营造出高校创新创业教育的浓烈氛围。

3. 素质结构的构建

一般而言，人的整体素质可大致分为自然素质、社会素质和心理素质三个方面的内容。其中，自然素质包括人体的身高、体重和神经系统等方面的生理素质，具有一定程度的先天性和遗传性；而社会素质和心理素质则更多地反映了人们的后天修养。教育本身就重在以人们的先天条件为基础、促使其在后天环境中更好的发展。因此，在高校学生素质构建的过程中，创新创业教育也会更加重视学生社会素质和心理素质这两个方面的内容。

（1）社会素质的培养。社会素质关系到一个人的文明、道德、文化修养等诸多方面，它既有利于学生的人格塑造，也有利于学生的才能提升。而在形成社会素质的众多形式当中，内化是其形成的主要形式。所谓"内化"，就是个体通过自省和吸收将从外部世界获得的知识和道德变成个体内在的一部分，从而使个体和社会群体在一定程度上产生融合，个体的人最终成为社会的人。因此，社会素质也是一种后天养成的素质，它主要充当素质结构中的调节器。需要注意的是，关于学生社会素质的培养尤其需要榜样的力量。所谓榜样的力量，也就是要求树立更多积极正面的典范，引导学生朝着积极正面的方向发展，避免误入歧途。另外，创新创业教育有必要改变学生对公共课程的偏见，淡化专业课程追求下的功利性质，从而使其以更加平和的心态去自主学习和自我发展。

（2）心理素质的培养。心理素质事实上是以自然素质为基础、在后天环境的各种因素综合影响之下逐渐形成和发展起来的。从这个角度讲，心理素质明显包括先天和后天两个决定性因素，是一种较为特殊的素质结构。因此，在创新创业教育的过程中，教师不仅需要对学生心理素质给予充分的关注，还要不断探索适合学生心理素质培养和发展的有效方法。

推动心理素质的培养可从三方面着手：首先，树立学生的自信心；其次，营造适宜的教育氛围，充分鼓励和引导学生自查自省，在学习过程中不断发现和分析自己的优势和缺点，从而更全面地认识自己；最后，引导学生进行积极有效的情绪管理，以平静的心态面对负面情绪，力求以积极的思想决定积极的行为，最终提高自己的受挫能力。

总而言之，知识结构、能力结构和素质结构这三方面的构建是相互联系和相辅相成的：素质的形成需要以知识储备为基础；能力的具体体现也有赖于知识运用的程度；素质和能力又分别从精神和物质两个方向引领着人们的持续发展。回归高校创新创业教育，关于创新型人才的培养，高校就应该注重课程编排和教学体系等方面的合理配置，力求以实际的教育问题为研究对象和研究方向，坚持实事求是和理论联系实践的原则，保证教育过程中教学模式的多元化，从而使得创新创业教育充分适应时代发展的需求，在实践过程中不断丰富和完善。

当今社会，国家核心竞争力越来越多地表现为科技和创新的竞争，归根结底表现为人才的竞争。大学生创新创业人才是现在我国实现经济转型、产业升级和社会服务所需要的重要人才，因而高校对创新创业人才的培养越发重视，中华人民共和国教育部甚至将其纳入如今高校教育改革的重点。大学生创新创业人才培养的关键是构建创新创业人才培养的相关体系，包括课程体系、评价体系和质量保证体系，另外，还要健全相关实践平台，组建完备的师资队伍。

第六章 高校创新创业人才培养多维度实践研究

第一节 校企协同背景下的创新创业人才培养

一、校企共建的课程教学体系

课程体系的建设是培养目标得以实现的基础。在传统的教学中，教学内容陈旧、教学方法单一，这些严重地阻碍了学生实践能力和创新能力的培养。传统的课程结构只把目标放在培养学生的知识框架上，针对性不强，培养的学生不能达到企业的需求。因此，课程体系的建设应该由高校和企业共同参与。

（一）理论课程的体系建设

（1）专业课程设置。目前我国高校的专业课程分为专业基础课程和专业课程。专业基础课是指为学生深入学习本专业课程所设置的本专业的入门课程，包含学生深入学习所需要的基本理论和基础知识，用于培养学生能力和基本素质的一系列课程。主要包括理论教学和与本专业相适应的实验、实习、实训教学环节。符合本专业培养需求的工程基础类课程、专业基础类课程和专业类课程应不少于学生应修总学分的三分之一。在课程的设置中，专业基础类课程和工程基础类课程应能够体现自然学科和数理类学科对本专业应用能力培养的重要性。专业类课程应能够体现系统设计和实践能力培养的重要作用。

（2）增加跨校、跨领域、跨专业的选修课程。目前，任意一门学科的发展都不只局限于一个领域内部的发展，而越来越多地借助其他相关的学科。国家的发展也更需要跨专业、跨学科的复合型人才，因此，要增加跨专业的选修课程。高校需要根据专业的发展需要，在保证基础课程达到要求的前提下，鼓励学生选择适合自身发展的跨领域、跨专业课程。注重文科类课程和理科类课程的交叉渗透，自然学科和社会学科的交融。不同学科相互碰撞不仅可以丰富学生的知识面，还可以培养学生的创新能力。例如，工科类专业的学生可以多选择一些文学类的课程增加其文学修养，也可以增加一些经济类和管理类的课程，以辅助学生今后的职业发展。文科专业的学生可以选修一些理科类课程和自然学科的课程，以培养文科生的逻辑思维和科学研究能力。高校也应该鼓励学生跨校选修课程，一是可以拓宽学生的交际面，二是可以体验其他高校的人文气息，三是可以节约教学资源。

（3）根据企业需求增设专业课程。课程的设置要以行业的发展需求为依托，要根据行业的发展情况及时做出相应的调整，同时也要符合社会对人才的需求。目前，我国很多高校与企业合作仅限于领导和部分人员之间的沟通，不能使用人单位和高校的教师、学生之间有一个清晰的了解，这样将会造成高校在课程设置上产生偏颇，添加过多高校的主观色彩，与企业的实际需求不相符。让用人单位参与到该专业的课程设置中去，使高校的课程设置与用人单位的需求相结合便可以有效地避免这一点。另外，高校要对本专业的发展方向有比较敏感的触角。在该专业还没有发生质的改变，还没有明显缺少某一方向的人才时，就已经开始做出相应的调整，培养该方面的人才。使高校的人才培养真正走在企业发展之前并引领企业未来的发展方向。

（二）实践课程的体系建设

高校应该在企业的协助下开设一些具有一定的综合性、创新型和设计性的实验和实训课程，来打破理论与实践之间的障碍，促使理论与实践紧密结合。企业应该拿出一些能使学生直接参与研究、分析和设计的项目，学生可以在校内或企业内的导师的共同指导下开展该项目的研究，使学生在真实的实践过程中提升自己的专业能力。高校可以将学生在企业参与的实际研究作为一门实践性课程，计算学分。另外还应开设一些与专业设置相关的社会服务类课程，使学生将在学校学习的知识和技能应用到社会实践中，从而使自己的理论水平与实践能力得到提高。

（三）开设第三学期的方式

以开展第三学期的方式组织学生实习，使学生将本学期所学的知识很好地应用到实践中，这种第三学期的教学模式是在国内"3+1""2+1"教学模式基础上的一个创新。目前，我国已有一部分高校开设第三学期，但多数限于民办高校。

第三学期主要是将每学年的第一学期和第二学期抽出几周构成一个较短的学期，但前提是原有的两个学期的教学周数基本不变。第三学期主要安排学生进行实习、课程设计、综合实验等实践活动。第三学期的实践活动内容在设置上要起到承上启下的作用，要对本学期所学习的理论知识进行应用和巩固，并引出下一学期所要学习的主要问题。将学校的理论学习和实习实践衔接在一起。第三学期的安排要根据行业的特点进行灵活的调整，不能只固定在某个时间段，这又将涉及原有的两个教学周期的设置和调整。

第三学期的有效运行离不开合理的规划和资金的保障。合理的规划主要包括对实践内容、实践地点、管理和评价等具体细节的规划。第三学期的实施相对减少了教师的假期时间，增加了教师的工作量，因此要投入一定的资金在教师的管理上。第三学期增加了学校硬件设施的利用率，教学设备的维护与保养成了教育投入的一大部分。要保证第三学期的

顺利进行，还需考虑到学生宿舍、图书馆、实验室、食堂等的开放与管理。另外，对学生实践过程中的安全和考勤的管理都需要详细的布置与规划。除此之外，要保证学生真正有效利用第三学期，还需要有一个完整的、适合的评价方法，这需要在第三学期的长期运行和积累中取得经验并且因人而异、因专业而异、因校而异。

（四）实施双师型教学内容

和企业共建研究所的高校，可以派出有一定能力的教师参与到研究院的研究工作中。研究所聘任的专家也应到企业和学校进行一段时间的详细了解，这样在工作和科研过程中，企业派出的员工、高校派出的教师和聘任的专家在取人之长的过程中会有收获，这些教师可以了解到相关专业的最新动态以及发展方向，可以把实际工作中的项目带入教学，让课堂教学不再是照本宣科，而是围绕着一个真实的案例来进行，使教学内容更加贴近实践和工作。以真实的案例为基础进行教学，可以提高学生的分析能力和创新能力，也可以为毕业设计提供真实的素材。例如，采用校企共建研究院的形式开展校企协同人才培养。研究院聘任的专家均完成驻场一个半月的企业实地考察与锻炼，学校派出骨干教师开展研究工作，以这样的形式开展双师型教学，这样既可以为企业带来效益，又可以推动提高学校的科研进程，使高校能触及企业技术的最前沿。

此外，高校可以通过聘请符合本专业要求和高校教师标准的企业专家到校任教和派出优秀教师到企业工作的形式开展双师型教学。例如，学校中的教师长期在公司工作，这支高水平的教师队伍既为公司提供了技术创新，又能指导本科生的实习和研究生的实验及科研，而且还促进了该校学生在公司就业。

二、校企共同实施培养的过程

（一）订单式培养

订单式培养指的是高校与企业签订用人合同，校企双方共同制订人才培养计划，有效利用高校和企业的优势资源，共同参与到人才培养过程中，实现人才培养目标，最终企业按照协议安排学生就业的协同办学模式。高校、企业和学生在订单式人才培养模式中均处于主体的地位。三主体在订单式培养的过程中应体现其主体地位，各尽其责。企业应以当前行业的发展现状为背景，结合企业的实际需求确定培养数量和规格，并委托学校进行管理。在订单式培养过程中，校企双方应共同制定有针对性的联合培养方案，共同确定培养目标。应把当前行业发展的情况和高校的内在情况相结合，并以此为基础进行课程设置和教学计划。高校则根据共同制定的培养目标、课程体系和教学计划进行有针对性的人才培养。在学生毕业时一般由委培单位安排就业。订单式培养莫过于"一班多单"和"一班一单"两种形式。"一班多单"是指一个企业的毕业生需求量比较少，但有多个企业需要该类型的毕业生，这种情况下采取多个企业共同下订单的形式，高校按照职业岗位相近原则，以职业岗位能力培养为主，采取一个专业对应多个企业订单的形式组建班级。如果一个企业的订单数量足以组建一个班级，企业的岗位要求都指向一个专业，这就形成了"一班一单"的形式。订单式人才培养的模式要求相关专业学生自愿报名和参加考核面试，选拔合格的学生组成班级，参加企业实训基地的实训教育，经过严格的培养和训练，使得这些学生在毕业时具备了企业正式员工的水平和能力。学生在毕业后能很快进入企业工作。

订单式人才培养模式要求学校和企业密切沟通，需要就招生与企业用人、专业设置与企业岗位要求、教学与生产经营实际需求等几个方面进行磋商与确定。订单式人才培养模式还需要企业对未来几年的发展方向、发展需求有一个明确的定位和准确的概括。否则订单式培养的学生不但不能促进企业发展，还会增加企业负担。

（二）校企教育资源共享

积极探索和推动校企协同培养模式，了解企业和市场需求，搭建校企协同对接和沟通的平台，校企协同培养专业、职业型人才，实现资源共享。加强校企协同人才培养，有利于提升企业的技术研发实力，也有利于高校加强对高新技术产业的研究以及建立大学生创业教育经验的机制。企业为高校搭建实习平台，高校成为企业的技术研发合作与人才培养基地，双方共同打造"合作、互动、共赢"的校企协同综合平台。同时这种校企协同教育可以通过集合双方各自优势来共同培养企业、社会所需人才，对企业与高校育才机制以及对社会公益贡献有重大的意义。资源共享也是企业的科技创新以及企业求人、育人机制方面发展到了一个新的高度。

资源共享还包括校企共建实验室的形式。企业投入先进的设备和技术，高校则利用其得天独厚的实验教学条件和师资力量，实现资源共享。校企共建实验室使学生的培养和职工的培训相结合，优势互补，节约资源。校企可以根据实验内容和面对的群体不同建设不同层次的实验室。首先是面向低年级学生的基础实验平台，主要开设课程实验及承担部分课堂教学任务，通过常规基础实验的训练，使学生掌握基本的实验理论、基本实验方法和基本实验技能；其次是为大学二年级以上学生设置的综合应用实验室，主要通过大量的开放型、创新型实验项目和各种课程设计，培养学生对所学知识的综合应用能力；最后是针对基础较好、动手能力较强、学习能力较强的学生，方便他们进行创新设计和科学研究的创新研究实验室。主要向学生们提供较完备的实验设备和营造开放的实验环境，结合项目培养学生的创新思维，激发学生们发明创造的潜能。

对于具有雄厚师资力量的高校而言，拥有良好的实验、实训条件对学生的培养会有很大帮助。然而在大量的实训设备的更新、维护与保养过程中仅依靠高校自身的力量已经远远赶不上教学的发展速度，无法满足企业对人才的需求。目前，许多高校，特别是应用型高校还难以建立起完整的实验、实训平台。如果高校一直依赖相对落后的实验设备或仿真实训，容易导致学生实践能力与企业的实际需求脱轨。因此聚集社会各界的力量，以技术服务和有偿培训服务换取实训设备资源，实现资源共享是一种双赢模式。对于企业而言，技术是企业的重要命脉，优质的员工培训，对提高产品质量和生产效率，对设备的有效利用和维护都存在一定的好处。因此，与高校达成以实训设备换取技术服务和培训的资源共享模式合理地解决了企业设备处置、员工岗前培训等一系列问题。

（三）高校冠名企业

高等院校若想使学生更好地利用实习实践的时间，真正做到将自己所学的知识运用到实践中并从中提高自己的动手能力就要有自己的企业，高校可以选择与自己的部分专业需求相匹配、并有一定技术基础的企业为其提供技术和部分资金的支持。使该企业成为学校冠名企业，成为学校的一部分。要想使高校冠名企业成立教学工厂的校企协同形式发挥出最大功效，首先要合理化协同企业的地位；其次要强化合作机构的组成，有企业、高校等相关负责部门的代表组成培训委员会；最后要完善教学管理。教学工厂应设立教学经理一名，实行经理负责制，根据学生、设备的数量配备理论教师和培训教师。

在学生数量较多的情况下可以为教学经理配备助手。理论教师和培训教师共同办公，培养双师型教师队伍。构建与现代企业要求相适应的教学大纲和与国际标准统一的考核标准体系。高校冠名企业，成立教学工厂是一种新型的教学理念。教学模式也是一个新的组合型的概念，其主要特征是将实际的企业环境引入教学环境中，并将二者很好地融合到一起。该教学工厂是一个综合的教育平台，同时也是一个载体。教学工厂以职业发展为标准设计教学过程，在工作环境中开展教学，把专业课程的学习搬进工厂。教学工厂为学生提供了一个工厂的学习环境，学生通过在企业环境中学习实际知识技能，成长为符合社会需求的高水平职业人。工厂在双师型教师队伍的带领下，在学生的辅助下，完成了生产任务并节约了成本。高校在教学工厂协助下完成了教育任务，为社会培养出适应社会发展的人才。

三、创建校企双方有效协同的机制

第一，建立校企协同的引导机制。校企双方应共建校企协同的有效机制。首先，共建校企协同工作委员会。该委员会由行业、企业、高校三方高层管理者参加。主要审议高校的培养目标、培养模式、师资队伍建设、招生、就业等问题。并且根据行业、企业未来的发展方向提前制定好发展规划、确定人才培养方案并以此组织课程改革。其次，成立技术合作开发与培训委员会。由高校科研能力较强的教师和企业技术骨干组成。该委员会主要针对企业需求进行新产品的研发、对高校的科研成果进行转化以及对新技术的应用。此外，在人力资源部门的协助下该委员会对校企双方员工进行技术培训、新科研方向的传递等。

第二，建立校企协同的管理与反馈机制。根据协同理论，建立校企协同、统筹规划、分工负责、互相协调、自主发展的管理机制，使企业和高校实现机制上的依存、资源上的互补、利益上的双赢，确保人才规格与发展需求、办学规模与资源配置最大限度的适应性。并依据科学的方法对校企协同建立反馈机制，及时掌握协同办学过程中发现的问题，及时引导校企双方的协同方向，保证校企协同平稳健康地运行。

第二节　产教融合背景下的创新创业人才培养

产教融合背景下的创新创业型人才培养，可从以下方面着手。

第一，优化课程体系，理实结合培养创新创业型人才。在产教融合背景下培养创新创业型人才，需要进一步提升创业实践的战略地位，鼓励大学生将所学的专业知识、创业技能应用到实践，在这一过程中不断提升自己的复合能力，为将来的成功创业打好基础。为此，高校要改革现有的课程体系，通过加强理论与实践的融合培养出更高质量的创新创业型人才。一方面，要在理论课程教学中培养创新创业思维。教师需要在课堂中以科研项目的形式融入产业发展中存在的问题、企业发展的实际案例等内容，选取问题式、启发式以及探究式等教学策略，引导学生建立科学的创业意识，加强创新思维。同时，还要向大学生讲解国家、地方最新出台的创业扶持政策，以便大学生能够充分利用这些优惠待遇减轻创业道路上的阻力。另一方面，还必须通过实践训练锻炼创新创业能力。增加创业指导课程中创业实践的比例，利用校内的创新创业孵化园，或者是校外的创新创业大赛等，让学生得到实践机会。

第二，优化考评机制，推行鼓励创新创业的考评体系。培养创新创业型人才，必须要改革以往的考核制度。将创新创业能力纳入大学生的考核评价指标体系中，并使其占据较高比例，通过这种方式达到鼓励大学生创新创业的效果。要实行过程性考核与多元化评价相结合的考核模式，将评价导向价值全面发挥。所谓过程性考核即对学生日常考勤、课堂表现、作业完成情况等方面予以考核，并将考核结果在最终结果中的比例控制在70%。而多元化评价则需根据创新创业人才的具体情况采取合理的考核模式，不局限于某种单一的考核模式，其中创新创业成果也可作为考核评价的指标，考核结果在最终结果中的比例为30%。通过优化考评机制，让大学高年级学生不会担心拿不到学分，或者是考核成绩不合格而影响正常毕业，从而全身心地投入创新创业项目中。同时，高校的考核评价体系中，对于那些成功创业的大学生还应给予额外的加分。要充分体现考核评价标准对大学生创新创业的导向作用，鼓励大学生积极参与创新创业实践，这也是提高创新创业型人才培养质量的一种有效手段。

第三，深化校企合作，提供丰富的创新创业实践机会。高校要想培养出具有较强创新意识和创新能力的应用型人才，除了要依托创新创业课程帮助学生打好理论基础、了解创业政策外，更为重要的还是要面向学生提供更加多样的创新创业实践机会。在实践中增强学生对专业知识的应用能力，以及培养团队合作的意识、吃苦耐劳的品质和愈挫愈勇的精神。在高校内部建立"大学生创新创业孵化园"，除了提供创业咨询服务，还可以为大学生提供创新创业必需的一些硬件设施，让他们有机会将创业想法变成现实。依托创新创业孵化园的优势资源，减轻创业阻力，提高创业成功率，从而鼓励更多大学生勇于创业。另外，还可以依托校企合作平台，围绕产教融合这一目标，定期组织开展"企业杯创新创业大赛"，由企业提供赞助、设立奖金，由学校承办创新创业比赛，为大学生提供丰富的创新创业实践机会。这种比赛不仅可以锻炼大学生的创业能力，而且表现出色的大学生还能得到主办方的青睐，吸引企业的投资，为大学生今后自主创业也提供了支持。从另一角度看，大学生经常参加这类创新创业比赛，还能不断积累创业经验，提高自身的抗压、抗挫能力，在今后的创业道路上可以走得更稳、走得更远。

总而言之，产教融合是深化校企合作、提升育人质量、解决大学生就业难题的一种有效途径。在产教融合背景下，高校积极开展创新创业型人才的培养工作，既是顺应时代发展需求、向社会输送复合型人才的客观需要，同时也能依靠创业带动就业，解决大学生的就业难题。

第三节　"互联网+"下的创新创业人才培养

"互联网+"下的创新创业人才培养可从以下方面着手。

第一，加强高校创新创业师资力量，构建多维教育形式。当代大学生在投身社会创业的浪潮中需要拥有丰富创业理论及创业经验的教师团队的正确引导，保护创新创业人才的育成与各项创新活动的实现。师资力量的建设应当保证在创业各阶段中有专门的教师进行指导，这需要构建专业的师资团队而非单一的课堂理论教学。创业教师队伍的构建不仅需要理论教师与实践指导老师，还需要创业精神指导教师。创业理论教师是校园课堂教学体系的主体，通过传授与创新创业相关的基础性、通识性理论知识，为实践提供科学依据与准则，为学生开展创业项目提供顶层设计的帮助。创业理论教学方式并非局限于课堂及书本，它可以是多元化的，可根据学校教学主要内容的实际情况和学生专业特点来调整创业教学内容。

大学生创业单纯靠理论与实践指导是不够的，创业也需要意识发挥能动作用，即创新创业精神。敢为人先的开拓创新精神、坚持不懈的探求精神是创新创业精神的主要核心。创业开端需要创业者对未知领域勇敢开拓，这种敢为人先的开拓精神引导和激励着创业者不断寻找创新方向，不断保持高度的创造意识，并且在创业过程中会遇到许多的挫折，这也需要创业者拥有坚持不懈的探求精神。精神导师可通过设计创业教育课程和筹划有针对性的实践活动，鼓励大学生有意识的塑造自身的开拓创新精神与探求精神，紧跟时代发展步伐，成为创新创意想法的制造者和实践者。由此可见教师团队的构建需要满足学生在创业各个阶段的需求，不断完善师资力量，为培养新时代创新型人才保驾护航。

第二，构建新型信息化创业基地建设，加强理论与实践联系。高校积极开展各种形式的创新教育改革，其中 ERP 沙盘模拟课程受到广大高校的青睐。新型信息化创新创业基地，是建立在 ERP 沙盘模拟课程基础上，运用互联网大数据云端计算模拟创业者整个创业过程的盈亏，最终利用整合数据的方式评判创业者项目的可行性及创业者本身能力。ERP 沙盘模拟课程是一种模拟创业的实践课程，通过角色的扮演，强化团队合作，模拟创业的过程如企业的战略、资金管理、人力资源、生产管理、市场营销、库存管理等方面，可调动学生参与创业的积极性，更好地将理论知识与实践相结合。

大数据可为创新创业教育提供所需的驱动数据、实施更具针对性的个体教育、可及时调整教学方法、对创业成果进行预测及客观评价等。其主要通过收集和分析学生创业中运营决策、生产管理、市场营销、投资盈亏等数据，并通过云端计算的处理方式预测创业成功率，并且评判每一创业阶段学生决策能力。并且随着大数据价值和应用领域的延伸，越来越多的企业和组织机构开始重视与运用大数据分析，实现对战略的预测与企业自身的评价。因此新型信息化创新创业基地可实现在更丰富而确实的信息基础上做出更有质量的评估，实现教育资源的整合、创新实习实训、创业成果的转化，培养具有创新思维、创业能力、可持续发展的技术技能型人才。

第三，培养浓厚的创新创业文化，提高创业积极性。创业文化具有进取性、开放性、创新性及先行性的特点，该特点对创新创业行为具有正面的影响，如创业文化的进取性可助于创业者识别市场改变，率先把握机遇，在创业文化氛围中，创业者拥有突破性的创新、创造能力，时刻保持着对创新机遇的高度敏感，可激发创业者先于他人寻找到创新性想法，并将其转化为实践活动；其次创业文化的开放性主要体现在人才培养受到各方的大力支持，在高校创业教师团队、信息化创业模拟平台、政企校的优惠政策和资金的帮助下，加速推动大学生创新知识和科技成果的转换。从创新性设想的顶层设计、创新行动的模拟实践、创新成果与价值经济转换，整个过程都反映了高校创业生态系统内各要素间的开放式互动协同合作，而这个过程是创业文化最深层次的潜在影响，引导着高校创新创业人才的成长。由此可见高校创新创业人才的成长需要在高校内部构建完整的创业文化，利用创业文化使校园内的创业氛围更加活跃，创业环境更加稳定。这对高校创新创业人才的成长具有积极影响，最终对国家创业型经济的发展有巨大的推动作用。

第四节　一体化视域下的创新创业人才培养研究

高校要根据人才培养定位和创新创业教育目标要求，促进专业教育与创新创业教育有机融合，调整专业课程设置，挖掘和丰富各类专业课程的创新创业教育资源，在传授专业知识过程中加强创新创业教育，为高校开展创新创业教育指明了方向、提供了遵循。

一、增强创新创业教学体系建设

（一）促进专业与创新创业教育的有机融合

创新创业教育与专业教育二者在本质上是相通的，在目标取向上是一致的，二者之间的关系是辩证统一的。其中，专业教育是创新创业教育的基础，而创新创业教育又是专业教育的强化。实现二者的有机融合，不仅有利于高校强化自身内涵建设，同时也有利于其教育教学质量的提升，培养出服务地方和区域经济发展的高素质创新创业人才。

二者的有机融合，首先是教育理念和教育内容的融合，也就是从源头上真正做到二者的有机融合。大一学年，将创新创业实践与专业基础课融合，在加强学生专业知识学习积累的同时，增强学生创新创业意识的培养，初步建立"通识课程＋专业课程＋慕课课程"的创新创业课程体系。到大二、大三学年，通过组织学生参加大学生创新创业训练计划项目、大学生文化创新创意大赛、"互联网＋"大学生创新创业大赛、"挑战杯"全国大学生课外学术科技作品竞赛、智能制造挑战赛、大学生微创业大赛等，推动理论与实践、必修课与选修课相统一，进一步促进二者的有机融合，不断在实践中培育学生的创新素养与专业技能。到大四学年，通过企业实习、企业参与学生毕业设计指导等方式，打通学业课程学习与创新创业体验的壁垒，进一步增强学生的创新创业体验，从而实现学生专业学习与双创学习的有机融合。以"面向全体、分类施教、立足专业、贯穿全程"为原则，构建由专业教育和创新创业教育二者融合的课程体系。加强行业前沿和创新创业类课程建设，进一步融合专业知识，建设立足专业、学研递进、有机衔接的创新创业教育课程群。

（二）推进专业与创新创业教育课程的互通共享

课程是创新创业教育的一个重要载体，高校应不断升级课程资源的配置方式，突破不同学科的专业壁垒，逐步实现全校课程资源的共享。充分发挥大学课程联盟的共享优势和慕课建设优势，打造一批具有示范作用的双创教育共享课程，探索并建立在线课程学习认证和学分认可系统。坚持课程学习与企业实践相结合，通过合作开发课程、合作完成毕业设计等手段，整合校内外相关资源，不断实现创新创业资源共享、相互促进。坚持学年制与学分制相结合，加强跨学科融合，最大限度地激发学生独立学习、选择学习和创新创业的需求，为学生发展提供更多的时间、空间和机遇。

（三）建构双向驱动的创新创业实践教学体系

高校应以专业实践为基础，推动创新创业实践活动的开展，这样可以有效提高专业资源的利用效率，让学生在掌握相关学科专业知识的同时，自觉将理论知识应用于实践，不断提升其实践的能力与素质，为创新创业人才的培养奠定良好基础。因此，可通过专业教育与创新创业教育的双向驱动，进一步优化专业教育的理念、定位，提高教育教学质量，培养出更多创新创业人才。

二、建构利于创新创业能力系统发展的人才培养体系

第一，构建课程、竞赛和成果孵化"三位一体"的培育体系。高校应努力构建课程、竞赛和成果孵化"三位一体"的培育体系，通过开设面向所有学生的创新创业课程，拓宽学生的视野并激发其创新创业兴趣。通过让对创新创业有着浓厚兴趣的学生进行系统培训和组织其参与竞赛，培养其竞争意识和双创精神，为其创新创业实践打下坚实基础。为已取得一定创新成果的学生提供必要的帮助，以促进其创新创业实践的开展和成果孵化的实现。

第二，打造教、学、做"三位一体"的教学平台。高校应结合创新创业人才培养的特点，改革教学方法和手段，大胆推行案例教学、实景教学、体验教学、项目导向等教学方式，融教、学、作为一体，实现"校内一校外"结合、"教师一技师"结合、"创新一创业"结合，切实提高学生的各种能力。引导企业在学校设立各种专业性"实验班"，邀请企业导师为学生授课，同时组织学生到企业见习实习。改变大四一次性实习的模式，开展分散式实习，让学生完成专业知识学习后立即进行专业实习，并分等级打造创新创业教育多层实践平台，按照"以兴趣为导向，以学生为导向，以过程为导向"的理念，建立一种创新创业实验教学模式，以教学与研究相互促进、师生互动、课堂学习和课外学习相结合、自我发展和教师指导相结合为特色，开展创新创业教育改革。

第三，建立政府、企业、院校"三位一体"的协同育人机制。政府、企业、院校"三位一体"的协同育人机制是政府、企业、院校在各自不同利益诉求的基础上，寻求共同发展、谋求共同利益的一种组织形式，是一种以共同培养应用型人才为主要目的的创新创业人才培养模式。高校应充分利用自身的师资优势、研发优势、专业优势以及企业的设备优势、资金优势、场地优势、生产优势，把以传授知识为主的学校教育与直接获取实践经验为主的生产、教学、科研实践有机结合起来，打造适合学生知识积累与社会发展需要的双向互动平台，构建"政府组织、企业为主、院校参与"的双创教育载体和"共同规划、共同建设、共同管理、共享成果、共同培育"的协同育人机制，逐步建立专业科研与产业经济发展相结合、学校与企业共同创新发展的良好机制，实现政、产、学、研合作的良性循环，促进学校专业建设与地方经济发展的有机融合。

三、构建师生一体化的互动评价体系

转变创新创业人才培养模式是一场人才培养观念上的根本性变革，原有的教学模式和教育评价模式已不能满足新时代创新创业人才培养的新要求，高校在推进教学模式改革的同时，应积极推进与之相适应的评价模式改革。通过开展参与式教学、参与式实验和模拟实验，基于基础科学研究课程、主题竞赛以及针对教师的教学研究项目，基于以名师为核心的工作室教学模式和基于典型产品设计案例研究等进行评价。

第一，明确创新创业教育的主体责任，鼓励师生合作开展创新创业活动。高校的教师必须明白，创新创业教育是全校所有教师的共同责任。首先，创新创业教育是专业教育的重要组成部分。因此，专业课教师在开展专业教育时不仅要传授专业知识，还应注重学生创新创业素质的培养。其次，创新创业教育也是其他课程教育教学必不可少的内容。所有教师必须转变教育观念，开展理论学习与研究，提高自身开展创新创业教育的意识和能力，进而提高学生创新创业的意识和能力。最后，建立一支由在校教师和企业家组成的专门的创新创业教育师资队伍。高校应主动聘请企业家校友、风险投资家校友和行业人才，担任创新型企业家培训师或兼职教师并教授创新创业课程，鼓励教师到行业企业挂职，学生到行业企业去见习实习，整合校内外资源，鼓励师生合作开展创新创业活动。

第二，多部门协同制定相关制度，构建创新创业教育的长效机制。高校应多部门协同配合，紧紧围绕创新创业教育的要求建章立制。首先，教务处在人才培养方案中应确定创新创业课程学分，并对参与创新创业训练的学生进行学分认定，出台弹性学制的学籍管理办法，允许学生休学创业。其次，学工处、校团委应在面向广大学生认真做好各类创新创业活动的宣传、学生创新创业训练计划项目的立项工作以及加强科技创新类学生社团和课外兴趣小组的建设等基础上，制定相关扶持奖励制度，在评先评优中给予创新创业学生加分认定。再次，科研处、学科建设办公室要充分发挥学校科协的作用，促使教师鼓励学生参加科研课题和科技开发项目，积极举办各类创新创业讲坛，做好学生科技成果的催化、孵化、转化工作，做好学生专利申请和保护工作。最后，人事处应根据指导教师所指导学生的创新创业项目在发表论著、申请专利、参与各级竞赛获奖等方面的成果，在教师职称评定、岗位聘任、评奖评优等方面予以认可和制定相应的激励政策，保障学校创新创业教育的有序、有效开展。

四、立足地方经济发展，强化产学研一体化建设

高校应聚焦地方经济社会发展的总需求，充分发挥自身在区域经济社会发展中的优势作用，更好地服务于地方经济社会发展，不断拓展自身的生存和发展空间，推动自身的特色发展、差异性发展、创新性发展。实践证明，高校只有贴紧靠实地方经济社会发展的需要，真正建立与地方经济社会发展良性互动的机制，才能更好地体现自身的存在价值。因

此，高校必须不断优化办学环境，改善办学条件，汇聚人才队伍，做强特色优势学科，增强科研创新能力，强化产学研一体化建设，大力培养各行各业创新创业高素质应用型人才，为区域经济社会发展提供强有力的人才支撑，增强自身服务经济社会发展的能力。高校要建设一批重点实验室、工程技术研究中心，培养拔尖人才，产出重大成果，增强自主创新、服务创新驱动发展的能力；要创新校企、校研、校校等合作机制，大力拓宽合作领域，不断提升合作层次与水平，努力实现双赢、多赢。

综上所述，高校开展创新创业教育，应根据新时代的发展要求，改革学校创新创业教育管理体制机制，逐步改变创新创业教育与专业教育脱节的现象，培育教、学、做一体化的教育模式与评价模式，推进创新创业教育与专业教育的理念共享、课程互通、实践共融，构建政府、企业、院校协同育人体系，打造课程、竞赛、成果孵化与产学研一体化的平台，完善创新创业人才培养模式，为创新创业人才的培养提供有力保障，为地方经济发展提供强大的人力资源支撑。

参考文献

[1] 蔡忠兵. 高校人才培养目标的生成机理与实现路径 [J]. 中国大学教学，2017（10）：46-49.

[2] 曾绍玮，李应. 高校创新创业教育探索与实践研究 [M]. 成都：电子科技大学出版社，2021.

[3] 陈步云. 高校实践育人机制研究 [D]. 长春：东北师范大学，2017：21-35.

[4] 邓如涛. 新常态下高校创新创业教育研究 [M]. 成都：电子科技大学出版社，2017.

[5] 董航. "互联网＋"创新创业人才培养模式新探 [J]. 辽宁高职学报，2022，24（2）：10.

[6] 方丽. 协同创新视域下的高校人才培养模式的重构与选择 [J]. 江苏高教，2014（2）：107-109.

[7] 耿丽微，赵春辉，张子谦. 高校大学生创新能力培养与创业教育研究 [M]. 成都：电子科技大学出版社，2017.

[8] 郭志辉. 大学生创新创业教育研究 [M]. 成都：电子科技大学出版社，2016.

[9] 侯力红，姬春林. 互联网＋大学生创新创业教育研究 [M]. 北京：科学技术文献出版社，2017.

[10] 姜慧，殷惠光，徐孝昶. 高校个性化创新创业人才培养模式研究 [J]. 国家教育行政学院学报，2015（3）：27-31.

[11] 焦连志. 大学生创新创业教育研究 [M]. 长春：吉林人民出版社，2019.

[12] 李爱华，杨淑琴. 大学生创新创业教育 [M]. 上海：上海交通大学出版社，2018.

[13] 李曼宁. 终身教育下高校创新创业学习资源库建设路径 [J]. 继续教育研究，2021（10）：10.

[14] 李玮，贾颖莲，苏留明. 大学生创新创业人才培养联动耦合机制研究 [J]. 教育与职业，2018（18）：81-84.

[15] 李永山，陆克斌，卞振平．大学生创新创业教育发展与保障研究 [M]．北京：中国建材工业出版社，2016.

[16] 刘冰冰．高职院校"互联网＋"创新创业教育模式研究 [J]．高等职业教育（天津职业大学学报），2018，27（4）：22-26.

[17] 刘耀东，孟菊香．校企协同培养人才的反思与模式构建 [J]．中国大学教学，2018（3）：71-74.

[18] 刘译阳，边恕．高校创新创业教育存在的问题、原因及对策 [J]．现代教育管理，2019（9）：32-37.

[19] 马君．普通高校创新与创业教育存在的问题与对策 [J]．中国市场，2017（5）：231-232.

[20] 毛薇，谢莉莉．高校创新创业教育实施路径研究：基于"广谱式"视角 [J]．教育教学论坛，2020（17）：33-34.

[21] 梅友松．地方高校人才培养机制改革与实践 [M]．北京：科学技术文献出版社，2016.

[22] 潘斌．高校创新创业人才培养模式研究 [M]．西安：世界图书出版西安有限公司，2018.

[23] 裴小倩，严运楼．高校创新创业教育协同机制研究 [M]．上海：上海交通大学出版社，2018.

[24] 秦川．对高校大学生实践育人机制的反思与重构 [D]．长春：吉林大学，2009：11-27.

[25] 石国亮．大学生创新创业教育 [M]．北京：研究出版社，2010.

[26] 谭轶群，马辉．一体化视域下应用型本科高校创新创业人才培养模式探析 [J]．大学教育，2022（2）：171-174.

[27] 万垠．我国高校人才培养质量提升策略研究 [D]．淮北：淮北师范大学，2014：21-36.

[28] 王帅．新时代创新创业人才培养的侧重点及实施 [J]．山东广播电视大学学报，2019（4）：61-65.

[29] 王文华，王卫星，沈秀．创新创业人才素质能力框架及培养路径 [J]．煤炭高等教育，2016，34（5）：74-77.

[30] 王占仁．"广谱式"创新创业教育通论 [M]．北京：教育科学出版社，2017.

[31] 吴佩珊．我国高校人才培养质量提升策略研究 [J]．科技创新导报，2019，16（35）：210-211.

[32] 伍廉松．新时代高校实践育人的时代价值及其实现路径 [J]. 北京青年研究，2019，28（2）：97-102.

[33] 肖劲阳．高校创新创业教育存在的问题及其对策 [J]. 西部素质教育，2018，4（8）：157.

[34] 许德涛．大学生创新创业教育研究 [D]. 济南：山东大学，2013：32-35.

[35] 姚凤云，郑郁．略论我国高校创新创业教育发展中的问题及对策 [J]. 商业经济，2016（2）：161-162.

[36] 尹志杰．我国高校创新创业教育可持续发展的路径研究 [J]. 林区教学，2022（3）：38-41.

[37] 余烁．“校友 +”视角下高校创新创业教育链的构建研究 [J]. 江西电力职业技术学院学报，2021，34（12）：127.

[38] 张等菊．“广谱式”创新创业教育的意蕴、策略及路径研究 [J]. 高教探索，2016（10）：13-17.

[39] 张冠蓉．高校创新创业人才培养的协同机制研究 [D]. 太原：山西大学，2017：25-35.

[40] 张兄武．高校创新创业人才多元协同培养机制的构建 [J]. 国家教育行政学院学报，2016（4）：30-37.

[41] 张宇．产教融合背景下高职院校双创教育人才培养机制研究 [J]. 现代商贸工业，2022，43（6）：16.

[42] 赵妩．创新型人才培养的校企协同创新机制探索 [J]. 实验室研究与探索，2015，34（1）：172-175，179.

[43] 庄丽，朱林，季小燕．互联网 + 背景下高校创新创业实践教育体系构建研究 [J]. 高教学刊，2021（9）：32-35,39.

[44] 陈星伊．试论高校创新创业实践教育管理机制的优化 [J]. 文化创新比较研究，2018，2（35）：118.